W0311170

hänssler

Evelyn Herm (Hrsg.)

Fünf Minuten für einen Unbekannten

Wie Menschen rund um die Welt Gott erleben

Evelyn Herm war acht Jahre als Missionsschwester unter Leprakranken in Äthiopien tätig. Danach heiratete sie den Witwer Bruno Herm, Leiter der Deutschen Missionsgemeinschaft, und wurde fast über Nacht Mutter von sechs Kindern, denen ein siebtes folgte. Nach dem Tode ihres Mannes arbeitet sie in verschiedenen Bereichen der Missionszentrale.

2. Auflage 2003

hänssler-Taschenbuch
Bestell-Nr. 393.738
ISBN 3-7751-3738-6

Internet: www.haenssler.de
E-Mail: info@haenssler.de
Titelfoto: DMG
Umschlaggestaltung: Daniel Kocherscheidt
Satz: AbSatz, Klein Nordende
Druck und Bindung: Ebner & Spiegel, Ulm
Printed in Germany

50 Jahre

Deutsche
Missions
Gemeinschaft

INHALT

7. Das Leben entdecken

8. Kinder der Straße

9. In Gott geborgen

VORWORT

An der Schwelle zu einem neuen Jahrhundert erleben wir eine Zeit immenser Umbrüche. Ungeahnte Neuerungen in der Computer- und Kommunikationstechnik gehen einher mit der Globalisierung der Wirtschaftsunternehmen, neuen Formen der Arbeit und Beschäftigung sowie massiven sozialen Veränderungen. Da brechen viele Grundfragen auf: Was wird morgen noch zählen? Was trägt durch den Wandel der Zeiten? Wie sollen wir heute leben?

Ähnlich ging es dem Volk Israel vor 3400 Jahren, als es nach 40 Jahren Wüstenwanderung ins Land Kanaan einzog. Auch ihnen standen große Veränderungen bevor; sie gingen ungewissen Zeiten entgegen. In diese Situation hinein gab Gott Josua den Auftrag, beim Durchzug durch den Jordan zwölf große Steine aus dem Flussbett auszuwählen und sie am Ufer zu einem Gedenkstein aufzuschichten. Dann sollte er das Volk lehren: *»Wenn eure Kinder später einmal ihre Väter fragen: Was bedeuten diese Steine?, so sollt ihr ihnen kundtun und sagen: Israel ging auf trockenem Boden durch den Jordan, als der Herr, euer Gott, den Jordan vor euch austrocknete, bis ihr hinübergegangen wart, wie der Herr, euer Gott, am Schilfmeer getan hatte, das er vor uns austrocknete, bis wir hindurchgegangen waren, damit alle Völker auf Erden die Hand des Herrn erkennen, wie mächtig sie ist, und den Herrn, euren Gott, fürchten allezeit« (Jos 4,21-24).*

Gerade in der Zeitenwende sind solche Gedenksteine nötig, der Blick zurück, die Erinnerung an die Spuren Gottes in der Geschichte und in meinem Leben. Ich meine damit nicht eine Romantisierung der Vergangenheit, in der alles Schwere verdrängt wird, auch nicht eine fromme Deutung (Rechtfertigung) menschlichen Handelns, sondern die Erinnerung an Gottes Wirken in unserem Leben: sein Bewahren, sein Versorgen, seine Treue. Das Volk Israel ging tatsächlich trockenen Fußes durch den Jordan hindurch – sie sind nicht darin ertrunken. Diese Erinnerung soll ein Bollwerk wider das Vergessen sein, gegen die Schnelllebigkeit der Zeit, so wie der Psalmist auffordert: *»Vergiss nicht, was er dir Gutes getan hat« (Ps 103,2).*

Diese Botschaft sind wir auch unseren Kindern schuldig, der kommenden Generation, die diese alten Tage nicht erlebt haben: die schwierigen Wege durch die Wüste, die kleinen Anfänge, die ausweglosen Situationen, die tägliche Abhängigkeit von Gottes Versorgen. Sie müssen es erfahren, sollen das ganze Bild sehen, den großen Zusammenhang erkennen, in den uns Gott hineingestellt hat, um nicht in der Flüchtigkeit des Augenblicks die Orientierung zu verlieren. Sie sollen ihren Platz in Gottes großer Geschichte mit unserer Welt erkennen; so erhält ihr Leben Sinn und Orientierung.

Aus dem Blick zurück, im Staunen über Gottes Treue und Führen, der Erinnerung an seine großen Taten, erwächst dann der Glaube, dem gleichen Gott auch morgen zu vertrauen. Es macht Mut, Gott heute und morgen Großes zuzutrauen und feste Schritte zu wagen.

Diese Gedenksteine weisen dann aber weit über sich hinaus. Sie leiten an zum Lob Gottes – den Gott zu preisen, der seine Schöpfung nicht an sich selbst zu Grunde gehen ließ, der seine Herrlichkeit offenbar macht. Es soll zur Verherrlichung Gottes dienen, bei uns und in allen Völkern. Bis zu den fernsten Inseln, in die dunkelsten

Urwälder, die weitesten Wüsten und auf die höchsten Berge. Überall soll das Lob Gottes erschallen, sollen Menschen den Herrn, den Gott Israels, erkennen, in ihm Errettung und Heil und Erfüllung finden.

An der Schwelle zu einem neuen Jahrhundert feiert die Deutsche Missionsgemeinschaft ihren 50. Geburtstag. Aus diesem Anlass wurde das vorliegende Buch herausgegeben, in dem Augenzeugen von Gottes Wirken in ihrem Leben berichten. Die Beiträge des Sammelbandes wollen solche Gedenksteine sein. Sie sind sorgfältig ausgewählt aus dem Reichtum des Wirkens Gottes an und durch Menschen. Sie sollen von Gottes großen Taten erzählen. Sie wollen Mut machen, Glauben heute zu wagen. Sie wollen einladen zur Nachfolge Jesu im Alltag.

Diese Gedenksteine wollen erzählen, wie aus kleinsten Anfängen durch Gottes Gnade ein stattliches Missionswerk herangewachsen ist, durch das Menschen in aller Welt zum Glauben an Jesus Christus gekommen sind. Sie wollen erinnern, wie der Herr der Mission schwache, begrenzte Menschen gebraucht hat, um Großes in unserer notvollen Welt zu wirken. Es soll deutlich werden, wo Gottes Herz schlägt; seine unvorstellbare Liebe zu Menschen, seine Sehnsucht nach Gemeinschaft mit uns Menschen. Dieser Gott ist am Werk. Er handelt heute auf einzigartige Weise. Zu keiner Zeit der Weltgeschichte gab es mehr Erweckungen und mehr Bekehrungen als heute. Und wir dürfen Augenzeugen dieser großen Taten Gottes sein. Mehr noch, der lebendige Gott geht an unseren bescheidenen Mitteln und Möglichkeiten nicht vorüber, sondern bezieht uns in sein vollmächtiges, einzigartiges Handeln in unserer Welt mit ein. Das gibt unserem Leben unglaublichen Wert und Sinn. Diesen Gott können wir nur preisen und ehren. Dazu soll unser Leben dienen. Dazu möge auch dieses Buch beitragen.

Dr. Detlef Blöcher
Missionsdirektor

1.

Mission ist Dank für Golgatha

»Fürwahr, er trug unsere Krankheit und lud auf sich unsere Schmerzen. Wir aber hielten ihn für den, der geplagt und von Gott geschlagen und gemartert wäre. Aber er ist um unserer Missetat willen verwundet und um unserer Sünde willen zerschlagen. Die Strafe liegt auf ihm, auf dass wir Frieden hätten, und durch seine Wunden sind wir geheilt« (Jesaja 53,4).

Fünf Minuten für einen Unbekannten

Die Sitzung mit dem Bibelschulkomitee ist zu Ende. Ich will gerade nach Hause fahren, als meine Sekretärin mir sagt: »Vor der Tür steht ein Unbekannter. Er möchte mit Ihnen sprechen.«

Da steht er, bleich, auf wackligen Beinen. »Kann ich mit Ihnen reden? Nur fünf Minuten.« Ich schaue auf die Uhr und denke für mich: »Ich weiß, was hier fünf Minuten bedeuten.« Aber eine innere Stimme mahnt mich: Er braucht Hilfe.

Kaum haben wir uns gesetzt, zieht er schweigend ein Schreiben aus der Tasche und gibt es mir. »Da, lesen Sie.«

Ich lese, dass mein Gegenüber fast drei Monate im Krankenhaus verbracht hatte. Er leidet an einem bösartigen, inoperablen Gehirntumor. Die Überlebenschancen sind gering.

»Verstehen Sie, was Sie gelesen haben?«, fragt er nervös. Dann macht er eine Pause und holt tief Luft: »Wissen Sie, mein Leben ist keinen Pfennig wert. Ich bin unheilbar krank. Und meine Frau? Mit einem Liebhaber ist sie durchgebrannt, während ich im Krankenhaus lag. Ich ... ich habe beschlossen, Schluss zu machen.«

Wie der Unbekannte gerade zu mir kommt, weiß ich nicht, aber schlagartig wird mir klar: Dieser Mann braucht wirklich Hilfe!

»Es ist sicher kein Zufall«, sage ich ihm, »dass Sie mich zu diesem Zeitpunkt noch erreichen konnten. Was Sie erlebt haben, ist furchtbar. Es tut mir sehr Leid.« Ich überlege, wie ich ihm helfen kann.

»Darf ich Ihnen eine Geschichte erzählen?« Etwas erstaunt sieht mich der Mann an. »Eine Geschichte? Na gut, erzählen Sie.«

Ich erzähle ihm von den zwei Verbrechern, die neben Jesus am Kreuz hingen. Der eine spottete: *»Bist du nicht Christus? Hilf dir selbst und uns.«* Der andere erkannte in letzter Minute, dass es noch eine Chance gibt: das ewige Leben. Er bat Jesus: *»Herr, denke an mich, wenn du in dein Reich kommst.«*

Der Mann ist betroffen. »Sie meinen, es gibt ein Leben nach dem Tod? Es gibt einen, der für mich gestorben ist? Und Sie glauben, dass er auch mich zu sich nehmen wird in sein Reich?« Ich nicke. Wieder macht er eine lange Pause. »Dann habe ich kein Recht mehr, mein Leben einfach wegzuwerfen wie Müll.« – »Vertrauen Sie Ihr Leben Jesus an«, mache ich ihm Mut. »Jesus wird Ihnen zur Seite stehen in den schweren Tagen, die vielleicht noch kommen. Er trägt Sie durch das Tal der Ängste und des Todes, bis Sie bei ihm sind, dort wo es kein Leid mehr geben wird.« Mit einem Lächeln streckt mir der Unbekannte seine Hand entgegen: »Danke Señor, Sie haben mir sehr geholfen. Sie haben mir das Leben gerettet.«

Fünf Minuten für einen Unbekannten – entscheidend für Zeit und Ewigkeit!

Eckhard und Henny Reinschmidt
sind im Gemeindebau und in der Schulung
von Mitarbeitern in Chile tätig.

Peruaner Foto: S. Reuter

Mich dürstet

»Durst! Hunger!« Ein Notschrei, der in unserer Zeit millionenfach zum Himmel aufsteigt. Hören wir ihn noch? Oder sind wir so damit beschäftigt, unseren Hunger und Durst durch gute Speisen und Getränke zu stillen? Denken wir an die, die nicht das Nötigste zum Leben haben? Beten wir für sie? Erinnern wir uns an die, die oft unter Aufbietung aller Kräfte unter den Notleidenden unserer Welt arbeiten?

»Mich dürstet!« Dieser Schrei erging vom Kreuz auf Golgatha. Jesus Christus, dem alle Gewalt im Himmel und auf Erden gegeben war, litt brennenden Durst. Er machte sich abhängig von Menschen, die ihm einen in Essig getränkten Schwamm reichten. Er, der den Ozean, die gewaltigen Ströme dieser Erde und Tausende von Quellen geschaffen hatte, lechzte nach einem Tropfen erfrischenden Wassers!

Aber indem er so litt, kann er mit unseren Schwachheiten mitleiden (Hebr 4,15). Darum weiß er, wie einem Dürstenden, einem Hungernden zumute ist. Doch war dieser Schrei vom Kreuz nur ein Schrei nach Wasser? Ging es hier nur um das rein physische Leiden eines Menschen, der von seinem eigenen Volk verraten, an die Römer ausgeliefert und verurteilt wurde? Starb hier nach qualvollem Leiden nur ein Reformator oder Revolutionär, dessen Programm am Widerstand der bestehenden Systeme und der Militärregierung gescheitert war?

Spielte sich sein Leiden, sein qualvolles Sterben nicht in ganz anderen Dimensionen ab, nämlich in den Dimensionen der Ewigkeit, im Spannungsfeld zwischen

Gott und Satan, im Grenzbereich zwischen Himmel und Hölle? Ist sein Schrei »Mich dürstet« nicht viel mehr als das Verlangen nach Wasser?

Diese Worte drücken die Sehnsucht Gottes nach Liebesgemeinschaft mit dem von ihm erschaffenen Menschen aus. In diesem Schrei liegt Sinn und Ziel der ganzen Schöpfung begründet, Gottes Verlangen nach dem Menschen, der nach seinem Bild und zu ihm hin geschaffen wurde, um in Heiligkeit und Liebe Gemeinschaft mit ihm zu haben.

»Gott war in Christus und versöhnte die Welt mit sich selber« (2. Kor 5,19). Gott war in Christus und dürstete am Kreuz nach dem neuen Menschen, der fähig wäre zu ungetrübter Gemeinschaft mit ihm in alle Ewigkeit. Der Sohn Gottes verlangte am Kreuz nach seiner Braut, der Gemeinde, die er durch die Hingabe seines Blutes aus allen Nationen und Stämmen erkaufen und reinigen wollte.

In diesem Schrei »Mich dürstet« liegt aber auch die ganze Tragik der Heils- und Menschheitsgeschichte. Der Mensch hat Gottes Liebe abgewiesen. Gott dagegen liebt weiter, sucht eine Antwort auf seine Liebe. Aber er zwingt niemanden, ihn zu lieben. Gott wartet, wie der Vater im Gleichnis vom verlorenen Sohn, dass der Sohn aus freier Entscheidung zu ihm zurückkehrt. Er hält täglich Ausschau. Er sehnt sich nach seinem Sohn, doch er wird ihn nicht mit Gewalt, gefesselt ins Vaterhaus zurückbringen.

Auch wenn wir betroffen sind beim Anblick von hungernden und verdurstenden Menschen, bei allem Mitgefühl mit ihrem Leiden und bei allen Versuchen, ihnen zu helfen, sollten wir nicht vergessen, dass auch Gott Durst leidet. Er hat ein ungestilltes Verlangen nach uns

Menschen, nach dir und mir, nach ewiger Lebensgemeinschaft mit uns. Darum sandte er seinen Sohn in diese Welt. Weil Jesus nach jedem dürstet, der noch fern von Gott lebt, bittet er seine Jünger, die Verlorenen, Verdurstenden zu suchen.

»Gehet hin in alle Welt … – Lasst kein Land, kein Gebiet aus!

… und predigt das Evangelium … – Lasst euch durch niemand und nichts von dieser Aufgabe abbringen!

… aller Kreatur.« – Lasst kein Volk, keinen Stamm, keine Sippe, keine Familie, keinen Menschen aus! Ruft sie zurück ins Vaterhaus zur Schar derer, an denen sich mein Wort erfüllen wird: *»Siehe da, die Hütte Gottes bei den Menschen. Und er wird bei ihnen wohnen, und sie werden sein Volk sein, und er selbst, Gott mit ihnen, wird ihr Gott sein« (Offb 21,3).*

Gottes Durst nach dem Menschen wird gestillt werden. Und auch der Mensch wird einmal seinen Durst nach Gott und unvergänglicher Herrlichkeit stillen. Die Bibel sagt: *»Sie werden nicht mehr hungern noch dürsten, es wird auch nicht auf ihnen lasten die Sonne oder irgendeine Hitze, denn das Lamm mitten auf dem Thron wird sie weiden und leiten zu den Quellen des lebendigen Wassers, und Gott wird alle Tränen abwischen von ihren Augen« (Offb 7,16.17).*

Mission ist Dank für Golgatha, Heilsangebot Gottes an eine verlorene, nach Leben dürstende Menschheit.

Bruno Herm
(1929-1991) war von 1954 bis 1965 als Missionar in Ostafrika tätig.
1968 wurde er Direktor der Deutschen Missionsgemeinschaft,
deren Leitung er bis zu seinem Tod 1991 innehatte.

Um Himmels willen: Weltmission

Am Horizont, über der Weite der arabischen Wüste, geht die Sonne unter. Als glühend heiße Scheibe war sie über den Himmel gezogen. Vor der Hitze war alles Lebendige geflohen. Doch in der Dämmerung atmen die Menschen auf und kommen aus den Häusern. Die Straßen der Oasenstadt füllen sich mit geschäftigem Treiben. Menschen eilen zum Basar. Als die Sonnenscheibe am Horizont verschwindet, erschallt vom Minarett der Ruf des Muezzin zum Abendgebet. Alltag in einem islamischen Land. Das ganze Leben wird durch den Islam bestimmt.

So nah am Äquator bricht in wenigen Minuten die Nacht herein. Da klopft es an der Haustür. Ich eile zum Eingang und öffne einen Spalt. In der Dunkelheit erkenne ich die Umrisse einer Gestalt. Es ist Abdallah, einer unserer Freunde. Er schaut sich ängstlich um und huscht ins Haus. Seit ein paar Wochen lesen wir mit ihm die Bibel. Abdallah ist entmutigt. Zweifel nagen an ihm. »Lohnt es sich wirklich, Jesus nachzufolgen? Ist der Preis nicht zu hoch?«, fragt er, fast flüsternd. »Hat meine Familie schon etwas gemerkt? Werde ich beschattet?« Abdallahs dunkle, fragende Augen sind wie ein Hilfeschrei. Auf die Abwendung vom Islam steht nach der Scharia, dem islamischen Recht, die Todesstrafe. Schon der Besitz der Bibel oder ein Gebet zu Jesus sind hier ein Verbrechen. Das gemeinsame Lesen in Gottes Wort kann das Leben kosten. Nur im Schutz der Dunkelheit wagt Abdallah, uns zu besuchen.

Sich Jesus zuzuwenden, wird als Verunglimpfung des Propheten Mohammed verstanden. Diese »Schande auf dem Familiennamen« kann nur getilgt werden, indem der Betreffende von den eigenen Angehörigen getötet wird, etwa durch Gift oder einen vorgetäuschten Unfall. Oder er wird vor den Kadi gebracht, der ihn auffordert, das Glaubensbekenntnis des Islam nachzusprechen. Wer sich weigert, muss sterben, so fordert es das islamische Recht.

Abdallah und ich plaudern, wir essen zusammen, beten und lesen die Bibel. Sein Gottesverständnis und Menschenbild sind noch verzerrt. So viel bedarf der Korrektur, Erneuerung und inneren Heilung. Fragen stürmen auf mich ein: Werden wir Zeit dafür haben? Wie oft werden wir uns noch treffen können, bevor seine Familie unseren Begegnungen ein jähes Ende bereiten wird – ein Jahr oder nur einen Monat? Ist heute vielleicht das letzte Mal? Was ist das Wichtigste, das ich ihm erklären muss? Hat dieser junge Nachfolger Jesu eine Chance, in Verfolgung zu bestehen? Werde ich nicht zum Mörder, wenn ich den Bewohnern eines solchen Landes von Jesus, dem Licht der Welt, erzähle und Interessierte in den sicheren Tod treibe? Sollte man die Muslime nicht besser in Ruhe lassen, wenn sie Nachfolge Jesu mit dem irdischen Leben bezahlen müssen? Glauben sie nicht auch an den einen Gott, Schöpfer Himmels und der Erde?

Abdallah zittert vor Angst. Der Gedanke an gnadenlose Verfolgung schnürt ihm die Kehle zu. Was für große Pläne hatte er für sein Leben: Familie gründen, Karriere, persönliches Glück. Wie kann ich ihn ermutigen, wie soll ich ihn trösten? Ich versichere ihm, dass ich sein Bruder bin und ihm beistehen werde, wo immer es mir möglich ist. Doch was kann ich wirklich tun, wenn seine

Familie und die ganze Macht des Staates über ihn herfallen? Ich fühle mich ohnmächtig, hilflos. Meine Möglichkeiten sind äußerst begrenzt – aber Gott kann. Nichts ist für ihn zu schwer. Er hat die drei Männer im Feuerofen bewahrt (Daniel 3). Ist es ihm nicht möglich, auch über dem Leben von Abdallah zu wachen?

Gott kann aber auch zulassen, dass Abdallah sein Leben als Opfer darbringt. Ist Nachfolge Jesu das wirklich wert? Ist dieser Preis nicht zu hoch? Vielleicht liegt ein Weg voll Leid und Verfolgung vor ihm. Wenn es nur darum ginge, das Leben auf der Erde so angenehm wie möglich zu gestalten, dann wäre die Verkündigung des Evangeliums in islamischem Kontext heller Wahnsinn, die größte Dummheit. Wenn aber die Ewigkeit Abdallahs auf dem Spiel steht, ein Leben in Herrlichkeit und Vollkommenheit ohne Ende – eine Unendlichkeit an Zeit und Lebensqualität für ihn davon abhängt, ob er einen Retter, einen Heiland gefunden hat – sieht es dann nicht anders aus? Dann kann kein Preis zu hoch sein.

Was ist das irdische Leben im Vergleich zu einer Ewigkeit in Herrlichkeit, wo es keine Tränen und kein Leid, kein Geschrei und keine Not mehr gibt! Nur vom Horizont der Ewigkeit her lohnt sich Nachfolge Jesu für Abdallah und jeden anderen. Darum ist Weltmission auch heute unter allen Umständen notwendig.

Dr. Detlef und Dr. Elisabeth Blöcher
Dr. Detlef Blöcher ist seit dem 1. Januar 2000
als Direktor in die Leitung der DMG berufen,
davor arbeitete Ehepaar Blöcher im Mittleren Osten
und im Heimatzentrum der DMG.

Muslim aus dem Mittleren Osten   Foto: DMG-Archiv

2.

Wegweiser Gottes

Wie Gott Menschen für das Evangelium vorbreitet

»Das Volk, das im Finstern wandelt, sieht ein großes Licht, und über denen, die da wohnen im finstern Lande, scheint es hell« (Jesaja 9,1).

Wie das Evangelium zu den Dimis an den Omo-Fluss kam

Das Gras steht hoch in der weiten Ebene des Omo-Flusses im Südwesten Äthiopiens. So hoch, dass Reisende, die den Pfad verlassen, sich manchmal der Länge nach hineinwerfen müssen, um dann auf dem umgeknickten Gras wieder einige Schritte weitergehen zu können. Die Hitze ist extrem. Moskitos und Tsetsefliegen greifen unablässig an. Die Völker in dieser Gegend sind wegen der Stammeskriege gefürchtet. Eines dieser Völker, die Dimis, konnte lange Zeit nicht mit dem Evangelium erreicht werden. Wie es schließlich doch dazu kam?

1954 wurde am Omo-Fluss, in dem kleinen abgelegenen Ort Bako, eine Missionsstation eröffnet. Obwohl Bako nur zu Fuß zu erreichen war, kamen die Menschen bald aus der gesamten Umgebung zu der Gesundheitsstation, denn es gab sonst weit und breit keine medizinische Versorgung. Eines Tages wurde Kebede, ein schwer kranker Dimi-Mann, von Freunden auf die Station gebracht. Sie trugen ihn den weiten Weg vom Omo-Fluss auf einer Trage heran. Aber man konnte ihm nicht helfen. Seine einzige Hoffnung war das Krankenhaus in Soddo, eine Stadt nördlich, zu der es von Bako aus keine Straße gab.

So transportierten ihn seine Freunde 30 km nach Norden zur nächsten Straße, von wo aus sich der Fahrer eines uralten Lastwagens erbarmte, den kranken Mann nach Soddo mitzunehmen. Die Operation im Krankenhaus bestätigte die schlimmsten Befürchtungen. Kebede wurde in die kleine Missionsstation in Bako zurückgebracht, wo er einem einsamen Tod entgegensah. Seine Einsamkeit war darum besonders groß, weil er ein Dimi war. Niemand sonst auf der Station sprach seine Sprache. Das änderte sich, als ein Kaffee-Einkäufer, der regelmäßig im Dimi-Gebiet unterwegs war, ebenfalls auf die Station eingeliefert wurde.

Inzwischen hatte sich Kebedes Gesundheitszustand etwas gebessert, so dass die Missionare mit Hilfe des Händlers als Übersetzer und Kebede als Sprecher Tonbandaufnahmen von christlichen Botschaften in der Dimi-Sprache machten. So erklärte Kebede – selbst kein Christ – in seiner Sprache den Weg der Erlösung. Kurz darauf starb er und wurde auf dem kleinen Friedhof des Krankenhauses bestattet. Jahre vergingen. Die Botschaften in der Dimi-Sprache übertrug man in den USA auf Kassetten und schickte sie wieder nach Äthiopien. Aber die Kassetten landeten im Regal, weil keiner der Missionare dort wusste, um welche Sprache es sich handelte.

Jahre später kam ein ehemaliger Äthiopienmissionar zu einem Besuch in sein Einsatzland zurück. Da ihm die Dimis und die benachbarten Stämme schon lange am Herzen lagen, machte er sich auf den Weg zum Omo-Fluss. In der Missionszentrale in Soddo fand er die Kassetten. Erstaunt nahm er sie aus dem Regal und fragte, ob er sie mit ins Omo-Gebiet nehmen dürfe. Mit seinen äthiopischen Begleitern machte er sich auf den Weg zu Fuß ins Land der Dimis. Nach Tagen kamen sie in das Dorf Girfa und fanden dort einen alten Mann. Er saß an einem Hang, 1500 Meter über dem Omo-Tal. Als sie auf ihn zugingen, rief der Alte plötzlich: »Habt ihr das Wort des Lebens? Habt ihr das Wort des Lebens?« Überrascht antwortete der Missionar »Ja, ich habe das Wort des Lebens, und du kannst es in deiner eigenen Sprache hören.« Er packte seinen Kassettenrekorder aus und begann, die Aufnahme von Kebede abzuspielen. Aufmerksam lauschte der alte Mann der christlichen Botschaft. Der Missionar musste sie wieder und wieder abspielen. Schließlich erzählte der Alte seine Geschichte:

Vor vielen Jahren sei er mitten in der Nacht aufgewacht und habe jemanden den Weg herunterlaufen hören. Der Mann habe geschrien: »Das Wort des Lebens wird kommen! Das Wort des Lebens wird kommen! Wer glaubt, wird ewiges Leben empfangen!« Er kam zu dem Schluss, dass es ein Traum gewesen sein müsse. Niemand rannte bei Nacht schreiend in der Gegend umher. Aber dieser Traum war so eindrücklich, dass er ihn niemals vergaß.

»Und nun ist das Wort des Lebens gekommen«, freute er sich. In den folgenden Tagen hörte er die Botschaft noch viele Male und öffnete sein Herz für Christus.

Als er sich immer wieder die Kassette anhörte, wurde er auch auf die Stimme des Sprechers aufmerksam. »Das ist ja Kebedes Stimme!«, rief er überrascht. »Mein Sohn Kebede, der so viele Jahre zuvor krank davongetragen wurde, um nie wiederzukehren!« Der Alte sprang auf, hob die Arme hoch, während Tränen über seine Wangen liefen.

So kam das Evangelium zu den Dimis im Omo-Tal. Heute gibt es viele Christen in Kebedes Heimatort.

Dieses Erlebnis aus Äthiopien zeigt auf eindrückliche Weise, wie Missionare oft auf von Gott vorbereitete Verhältnisse stoßen.

Theo Volland
ist als Redakteur im DMG-Heimatzentrum tätig.

Das Pferd, das kein Gras frisst

Keuchend bahnte sich ein Jeep seinen Weg durch die Savanne. Gerhard Bössler wischte sich den Schweiß von der Stirn. Aber nicht die Hitze machte ihm zu schaffen. Es war die Angst. Auf dem Weg zur nächsten Missionsstation mussten sie das gefürchtete Land der Gudschis durchqueren. Gespannt hockten auch seine vier äthiopischen Mitarbeiter auf ihren Sitzen, stumm wie Vögel in der Mittagshitze. Die Angst vor einem Überfall drückte ihnen die Kehle zu. Obwohl sie niemanden sahen, fühlten sie sich von allen Seiten beobachtet. Sie wussten sehr wohl, dass den scharfen Blicken der Gudschis nichts entgeht. Endlich verließ der Jeep das Gebiet. Auf einmal konnten alle wieder reden, lachen, singen.

Die Gudschis leben im Süden Äthiopiens. Sie sind Halbnomaden, die mit ihren großen Rinderherden, Ziegen und Schafen von Weideplatz zu Weideplatz ziehen. Überall da, wo sie genug Nahrung für das Vieh finden, schlagen sie ihre einfachen Hütten auf.

Das Land der Gudschis war seit Jahrhunderten gefürchtet wegen seiner kriegerischen Bewohner. Niemand wagte, ihr Territorium zu betreten. Sie duldeten keine Fremden. Vor einigen Jahren versuchte ein Evangelist aus der Nachbarprovinz ihre Freundschaft zu gewinnen. Er kehrte nie wieder zurück. Selbst die Polizei zitterte vor ihnen. Wie oft schon waren die Speere der Gudschis schneller als deren Pistolen. In vielen Gegenden herrschte das Gesetz der Blutrache und das grausame Ritual, dass eine junge Frau erst dann heiraten konnte, wenn ihr zukünftiger Mann ein Mitglied eines anderen Stammes umgebracht und ihr als Brautgeschenk die Kleider des Ermordeten überreicht hatte.

Gerhard und Edith Bössler arbeiteten unter einem Nachbarvolk der Gudschis. Aber je öfter sie durch das Gudschi-Gebiet reisten, um so größer wurde ihr Wunsch, diesen Menschen die Frohe Botschaft zu bringen. Nur wie? Würden die Speere der Gudschis sie nicht schon durchbohrt haben, bevor sie das erste Wort sagten?

Im Jahr 1984 erreichte eine Schreckensnachricht die Missionsstation. Eine große Hungersnot suchte die Gudschis heim. Ein Tier nach dem anderen verendete. Die Existenz der Nomaden war bedroht, denn sie lebten fast ausschließlich vom Fleisch und Blut ihrer Tiere.

Nach vielen Überlegungen beschloss Gerhard Bössler, eine Hilfsaktion für die notleidenden Gudschis zu starten, um ihnen Getreide und Öl zu bringen. Aber dazu waren einfache Straßen erforderlich, und durch das Gudschiland führten nur schmale Trampelpfade. Gerhard und Edith Bössler entwarfen einen Plan. Wer am Bau der Straße mitarbeitete, sollte eine Tagesration Getreide erhalten. So würden sie mit dem Projekt »Brot für Arbeit« das Leben vieler Gudschis vor dem Hungertod retten. Zunächst beschloss das Ehepaar Bössler, das Land mit dem Hubschrauber zu erkunden, um herauszufinden, wo man Straßen bauen könnte.

Gerhard und Edith Bössler ahnten nicht, dass Gott schon längst einen Weg zu den Gudschis gebahnt hatte. Allerdings einen sehr ungewöhnlichen!

Fünfzig Jahre oder mehr waren es her, da erwachte ein alter Dorfchef von einem höchst merkwürdigen Traum. Bei Anbruch des Tages rief er erregt und lautstark die

Dorfältesten zusammen. Verschlafen traten sie aus ihren Hütten und stellten sich im Kreis um ihn.

Der Alte stützte sich auf seinen Stock und begann zu erzählen: »Heute Nacht erschien mir ein Mann im Traum. Seine Gestalt war so hell, als käme er von einer anderen Welt. Der Mann zeigte zum Himmel und sagte: Eines Tages werdet ihr eine Straße am Himmel sehen. Dann gebt Acht! Nicht lange danach wird ein Pferd zu euch kommen, das kein Gras frisst. Es bringt einen Mann mit einem Buch, dem Buch der Wahrheit. Auf ihn hört! Dann verschwand die Gestalt wieder.«

Staunend lauschten die Männer. »Das ist wirklich ein sonderbarer Traum! Was mag er bedeuten?« Tagelang, wochenlang war der Traum in aller Munde. Aber nichts geschah. Von der Straße am Himmel und einem Pferd, das kein Gras frisst, war weit und breit nichts zu sehen. Mit der Zeit geriet der Traum in Vergessenheit.

Nun zog der Hunger ins Land. Die Not war groß. Tag und Nacht riefen die Gudschis ihre Götter an, aber sie antworteten nicht. Selbst Waka, der gute unbekannte Gott, schwieg.

Eines Tages erschienen helle Streifen am Himmel. Die Gudschis verrenkten ihre Hälse. »Seht, die Straße am Himmel!«, rief einer dem anderen zu. Sie wussten nicht, dass es lediglich Kondensstreifen der Jets waren, die von nun an jeden Tag über das Gebiet der Gudschis nach Kenia flogen. Für sie stand fest: Jetzt erfüllte sich der alte Traum. Plötzlich redeten alle wieder davon. »Seht ihr die Straße? Wo aber bleiben das Pferd und der Mann mit dem Buch der Wahrheit?«

Kurze Zeit später ratterte ein Hubschrauber über das Gudschigebiet. Ängstlich ergriffen die Menschen die

Flucht. Sie versteckten sich hinter Büschen und in ausgetrockneten Flusstälern. Der Hubschrauber landete. Zögernd stieg Gerhard Bössler aus. Unter den Gudschis verbreitete sich Unruhe. Plötzlich erinnerte sich jemand an den Traum. »Seht ihr das? Ein Pferd, das kein Gras frisst! Dann muss das der Mann sein, der uns das Buch der Wahrheit bringt.«

Vorsichtig traten sie aus ihren Verstecken hervor und gingen auf Gerhard Bössler zu, ihre Speere fest umklammert. Immer näher wagten sie sich. Unsicher wich Bössler einen Schritt zurück. Die Angst stand ihm im Gesicht geschrieben. Kann man ihnen trauen oder ist es ein Hinterhalt? Aber sie schienen wirklich friedlicher Absicht zu sein.

Freundlich luden sie ihn und seine äthiopischen Begleiter in ihre Hütten ein. Gerhard Bössler wunderte sich. Was hat diese Menschen so verändert? Abends beim flackernden Feuer fragten sie ihn plötzlich: »Bringst du uns das Buch der Wahrheit?« Gerhard überlegte. Von welchem Buch sprechen sie wohl? Geistesgegenwärtig griff er zu seiner Bibel. »Ja. Hier ist es, das Buch der Wahrheit. Ich habe es euch mitgebracht.« Nun erzählten die Männer ihm die Geschichte von dem Traum vor vielen Jahren, der jetzt in Erfüllung ging.

Längst war die Nacht hereingebrochen. Die tödlichen Speere der Gudschis waren vergessen. Gerhard Bössler konnte nur staunen. Was für wunderbare Wege erdenkt sich Gott, um Menschen für das Evangelium vorzubereiten! Ein Traum von einer Straße am Himmel, von einem Pferd, das kein Gras frisst und einem Mann, der das Buch der Wahrheit bringt! Gerhard Bösslers Herz war voller Dank und Hoffnung. Dieses Buch, Gottes Wort, wird die

Gudschis verändern, ihre Familien, ihre Dörfer, das ganze Land.

Viele Jahre sind seit dem ersten Besuch bei den Gudschis vergangen. Überall entlang der Straßen, wo der Hunger nach Brot die Menschen ins Verderben trieb, herrscht heute Hunger nach dem Buch der Wahrheit, der Bibel. Christliche Gemeinden und einfache Bibelschulen sind entstanden. Wo das Gesetz der Speere erbarmungslos regierte, bestimmt nun die Liebe Jesu das Leben vieler Menschen.

Gerhard und Edith Bössler/E. Herm
Gerhard und Edith Bössler waren die ersten Missionare im Volk der Gudschi in Äthiopien. Heute gibt es hier viele lebendige Gemeinden und mehrere tausend Christen.

Mann aus dem Gudschi-Stamm Foto: G. Bössler

Ein Hund als Missionar

Jeden Tag dasselbe Spiel. Frau Ishikawa ging mit dem Hund spazieren. Und immer vor der Kirchentür zerrte er an der Leine. Frau Ishikawa wusste nicht, wie ihr geschah. Sie wollte weiter. Aber der Hund zog sie ins Haus. Ganz eindeutig wollte er in die Kirche. Einmal stand die Tür offen, und wieder zog der Hund sein Frauchen mit Macht. Frau Ishikawa gab nach, und da standen die beiden nun mitten in der Kirche. Eine peinliche Situation.

Gleich kam die Frau des Pastors auf Frau Ishikawa zu und begrüßte sie freundlich. Es entstand ein gutes Gespräch. Frau Ishikawa ließ sich zum nächsten Gottesdienst einladen. Was sie dort hörte, faszinierte sie. Mit großem Interesse nahm sie Gottes Wort auf und wurde Christin. Das Merkwürdige an dieser Geschichte ist: Seit genau jenem Tag lief ihr Hund auf seiner Runde mit Frauchen völlig unauffällig an der Kirche vorbei.

Sollte Gott den Hund gebraucht haben, um einen Menschen zu sich zu führen? Ein Hund, der kein Japanisch kann, als Wegweiser Gottes! Warum nicht?

Martin und Andrea Heißwolf
sind im Gemeindebau und in der Evangelisation in Japan tätig.

3.

DMG – Das Macht Gott

Gründung der Deutschen Missionsgemeinschaft

»Wie sollen sie aber den anrufen, an den sie nicht glauben? Wie sollen sie aber an den glauben, von dem sie nichts gehört haben? Wie sollen sie aber hören ohne Prediger?« (Römer 10,14)

Der vergessene Auftrag

Das muss eine besondere Stunde gewesen sein, als am 12. August 1951 etwa zwanzig Personen, einige davon Pfarrer und Prediger, während einer Missionskonferenz auf dem Beatenberg/Schweiz einen Verein gründen, der deutschen Missionaren eine Mitarbeit in internationalen Missionswerken ermöglicht. Was war der Anlass?

Die Teilnehmer bewegt, was sie an den Konferenztagen von Missionaren hören: Menschen ohne medizinische Versorgung, oft in schwersten Lebensbedingungen und ohne jede Hoffnung warten auf Hilfe. Missionen, die in diesen Gebieten arbeiten, suchen dringend weitere

Missionare. Sollten nicht auch von Deutschland wieder Missionare ausgesandt werden können?

Einige junge Leute haben die Bibelschule auf dem Beatenberg absolviert und sich bei internationalen Missionswerken gemeldet. Sie erhielten die Antwort: »Ihr könnt gerne kommen, wenn ihr in Deutschland Gemeinden habt, die euch begleiten und mit Gebet und Gaben unterstützen.« Wo aber sollen sie die finden? In Deutschland ist man dabei, sich nach den Kriegsjahren wieder eine Existenz aufzubauen. Jede Mark wird gebraucht, um Gemeinderäume herzurichten. Wie ist es ihnen dann noch möglich, finanzielle Hilfe für die Weltmission zu leisten?

Den Konferenzteilnehmern wird bewusst: Sie können Gottes Reden nicht einfach ignorieren. Sie tragen Verantwortung für Menschen, die die Botschaft der Vergebung noch nicht gehört haben. Wenn Gott junge Leute vorbereitet hat, sollte es ihm nicht auch möglich sein, die nötigen Mittel zu beschaffen, dass diese Botschafter auch zum Einsatz kommen?

Im Vertrauen auf den lebendigen Gott wird der erste Schritt gewagt. Man verfügt weder über eine Basis in Deutschland noch über ein Grundkapital oder finanzkräftige Spender. Die anwesenden Prediger und Pfarrer wollen in ihren eigenen und anderen Gemeinden über den unerfüllten Auftrag in der Weltmission reden und um Mitglieder werben. Von den monatlich eingehenden Gaben sollen dann die ersten Missionare versorgt werden.

Überraschend meldet sich ein Ehepaar aus Stuttgart-Korntal, Hans und Pauline Beck, das bereit ist, die administrativen Aufgaben zu übernehmen. Hans Beck erinnert sich an ein Versprechen, das er Gott im Krieg in ausweglosen Situation gab. Wenn Gott ihn gesund wieder nach Hause bringen würde, wollte er ihm mit seinem ganzen Leben dienen. Gibt Gott ihm jetzt nicht die Möglichkeit, sein Versprechen zu erfüllen?

Zusammen mit Ehepaar Beck beginnt das Komitee die Arbeit in Deutschland. Tatsächlich sind etliche Christen bereit, einen bescheidenen monatlichen Betrag zu geben. Die ersten Mitglieder werden verzeichnet. Aus verschiedenen Gemeinden kommen weitere Personen dazu. Trotz eigener Bedürfnisse sind viele bereit, sich der Aufgabe der Weltmission neu zu stellen.

Am 28. Februar 1952 wird den etwa 100 Mitgliedern mitgeteilt, dass die Deutsche Missionsgemeinschaft jetzt in der Lage sei, den ersten Missionar auszusenden. Mit einem Rundbrief bitten sie die Mitglieder und Freunde um Gebet, dass Gott ihnen zeigt, wen sie aussenden sollen.

Ein missionsinteressierter junger Christ, Helmut Gärtner, hat inzwischen sein Bibelschulpraktikum in Darmstadt-Arheilgen fast beendet. Die Gemeinde weiß, dass er nach dem Praktikum in den Missionsdienst gehen will. Sie verspricht, ihn treu zu begleiten. Dazu gründen sie ein Missionsunterstützungs-Komitee in Arheilgen. Helmut Gärtner reist als erster DMG-Missionar mit einem befreundeten Missionar nach Spanien aus. Leider wird er bald als Missionar entdeckt und des Landes verwiesen.

Für Helmut Gärtner ist damit der Missionsdienst jedoch nicht beendet. Er beginnt bald darauf eine Arbeit in Marokko und wird Mitbegründer der Radioarbeit »Trans World Radio«. Von Marokko aus werden die ersten deutschen Sendungen des heutigen Evangeliums-Rundfunks ausgestrahlt. Helmut Gärtner macht die Radioarbeit in Deutschland bekannt und sieht seine Aufgabe ganz beim Evangeliums-Rundfunk.

Zehn Jahre nach der Gründung der DMG ist der Freundeskreis auf 2600 Mitglieder angewachsen. 42 Missionare werden von diesem Geberkreis im Ausland versorgt. Heute stehen etwa 350 Missionare im Einsatz, allein im Vertrauen auf den lebendigen, handelnden Gott. Eine unüberschaubare Zahl Christen in Deutschland und den umliegenden Ländern hilft in der Stille mit Gebet und Gaben.

Auch wenn oft erst in letzter Minute die fälligen Rechnungen beglichen oder die Gehälter gezahlt werden können, Gott hat durch 50 Jahre in unvorstellbarer Treue seine Mitarbeiter mit allem versorgt, was sie brauchen. Wir halten fest daran: Gott ist treu und auf sein Wort ist Verlass! So wollen wir es weiter wagen, von Gott alles zu erwarten, was für die weltweite Missionsarbeit nötig ist.

DMG – *D*as *M*acht *G*ott! Als Jesus die Fünftausend speiste, erhielt er von einem Jungen zwei Brote und fünf Fische. Unbedeutend – aber diese kleine Gabe reichte in den Händen Jesu, um alle satt zu machen. So wirkt Gott bis heute: einfache Menschen, die ihre Kraft, Zeit und Gaben einsetzen, sind entscheidend zum Bau des Reiches Gottes. Was wir Gott geben, wird zum Segen für andere.

Brigitte Oestreich arbeitet seit 1989 auf dem Buchenauerhof in der Vorbereitung neuer Missionare.

DMG-Missionszentrale Buchenauerhof, Schloß   Foto: Theo Volland

Ein Bethaus für die Völker

»Mein Haus soll ein Bethaus sein für alle Völker« (Jesaja 56,7).

Dieser Bibelvers hängt in der Schlosskapelle unserer Missionszentrale auf dem Buchenauerhof. Er soll daran erinnern, dass Gott unser Gebet für die Völker möchte. Er will mit Menschen zusammenarbeiten, die sich freiwillig in seine Mitarbeit stellen, damit alle Welt von der rettenden Botschaft des Evangeliums hört.

Das Gebet ist uns als DMG-Mitarbeiter sehr wichtig. Die erste Stunde des Arbeitstages nutzen wir zum Gebet und Bibellesen, um für die etwa 350 Missionare zu beten. Jeder Mitarbeiter beteiligt sich daran. Dass Menschen Gottes Wort hören und verstehen, kann nur der lebendige Gott selbst bewirken.

Beim Kauf der ersten Gebäude auf dem Buchenauerhof (1971) wies Gott uns wiederholt auf den Vers aus Jesaja 56,7, der vom Bethaus spricht. Am Morgen, nachdem der Kaufvertrag unterschrieben wurde, stand er in der Herrnhuter Tageslosung. Das Gebet soll Grund und erster Auftrag unserer Arbeit sein! Um das vor Augen zu halten, wird der Bibelvers auf Bast gedruckt und erhält einen besonderen Platz in der Kapelle.

Seit 30 Jahren nun treffen sich monatlich Missionsfreunde und Mitarbeiter zu einem Gebetssonntag in der Kapelle, um die Anliegen der Weltmission vor Gott zu bringen. Wir glauben, Gott hat durch Gebet in den vergangenen fünfzig Jahren Gewaltiges bewirkt.

Nach vielen Jahren wurden wir erneut von der Bedeutung des Bibelverses für den Buchenauerhof überrascht.

Ein Besucher, der sich den Hof ansehen wollte, weil seine Vorfahren hier wohnten, machte uns auf Gottes Geschichte mit diesem Ort aufmerksam.

Seine Vorfahren waren Mennoniten, die in der Schweiz um ihres Glaubens willen verfolgt wurden und 1650 nach Deutschland flohen. Nach den Wirren des Dreißigjährigen Krieges, als auch im Kraichgau viele Gehöfte und Ländereien abgebrannt und verwüstet waren, suchten die Herrschaften von Venningen, die ihren Sitz in der Nähe Sinsheims hatten, nach tüchtigen Landwirten, die die brachliegenden Ländereien wieder bewirtschaften sollten.

Sie hörten von den Mennoniten, die überzeugte Christen waren und ungewöhnlich fleißig und gewissenhaft arbeiteten. Sie luden sie zur Mitarbeit ein und siedelten sie auf ihren Gutshöfen im Kraichgau an. Die Gläubigen pflegten die Gemeinschaft und trafen sich auf den verschiedenen Höfen, um Gott anzubeten und das Wort Gottes zu lesen. Sie beteten nicht nur für sich. In ihren Beträumen hing häufig ein Spruchband mit der Aufschrift: *»Mein Haus soll ein Bethaus sein für alle Völker.«* Das Gebet für die Völker der Erde, die diese herrliche, rettende Botschaft noch nie gehört haben, war ihnen sehr wichtig.

Über 350 Jahre sind seitdem vergangen. Das gleiche Bibelwort entdeckte der Besucher in der Kapelle. Er erfuhr, dass von hier aus Missionare zu den Unerreichten in alle Welt gesendet wurden. Soll das Zufall sein? Ist es nicht viel mehr Gottes souveränes Handeln, der die Gebete der gläubigen Mennoniten nach Jahrhunderten in Erfüllung bringt? Gottes Zeitplan ist oft anders, aber er handelt auf unser Gebet hin.

Mein Haus soll ein Bethaus sein für alle Völker! Daran wollen wir uns auch nach 350 Jahren halten und diesem Gott vertrauen, dass er seine Zusagen auch in Zukunft erfüllt.

50 Jahre sind Missionare der DMG unterwegs in aller Welt. Wie viel ist durch sie geschehen? Was für einen wichtigen Anteil haben die Stunden des Gebets daran gehabt? Was mag Gott durch mein Gebet heute bewirken? Vielleicht handelt er erst nach vielen Jahren. Seine Zusage gilt: *»Denn wer da bittet, der empfängt …«* Das macht Mut, unserem lebendigen Gott Großes zuzutrauen.

Brigitte Oestreich

Eine Gefriertruhe und zwei Schweine

»Eine Gefriertruhe? – Ganz gewiss, die können wir gebrauchen! Wissen Sie, vor ein paar Tagen sagte uns ein befreundeter Landwirt, dass er uns gerne ein Schwein schenken möchte. Und da hatte ich mir schon viele Gedanken gemacht, wie das Fleisch zu konservieren wäre! Unser Gott ist doch praktisch, dass er Sie heute mit einer Gefriertruhe herschickt! Ganz herzlichen Dank dafür!«

Die Hausmutter des Buchenauerhofes kommt aus dem Staunen über Gottes Maßarbeit nicht heraus. Ja, Gott ist treu. Er hört, wenn wir ihm unsere menschlichen Sorgen nennen. Er weiß, was wir brauchen!

Der Grund, warum man das Fleisch dringend braucht, sind Renovierungsfreizeiten, für die man eingeladen hat. Die neu erworbenen Gebäude (1971) auf dem Buchenauerhof sind in schlechtem Zustand. Vieles muss gemauert, gegipst, verputzt und gestrichen werden. Missionsfreunde erkennen, dass sie da mithelfen können und melden sich an. Die Liste der Helfer wächst, und erst dann wird der Hausmutter klar, dass sie nun auch für alle diese Leute kochen muss. Wo soll man die vielen Lebensmittel hernehmen? Die Mitarbeiter bitten Gott um Hilfe.

Dann meldet sich plötzlich der Landwirt und kündigt ein Schwein an, und nun schickt Gott noch die Gefriertruhe dazu! Eine gewaltige Gebetserhörung!

Die Gefriertruhe findet gleich ihren Platz im alten Keller. Sie wird sauber geputzt, weil der Bauer ja jederzeit mit seinem geschlachteten Schwein auf den Hof fahren kann.

Kurze Zeit später wird das geschlachtete Schwein angeliefert. Eine Wanne nach der anderen verschwindet in der Küche. Die Hausmutter ist überwältigt von der Menge Fleisch. »Ist das wirklich nur ein Schwein? Das muss aber unerhört groß gewesen sein!«

Der Landwirt lacht. »Wissen Sie, wir waren eben beim Schlachten und dachten dabei, wir sollten doch gleich zwei Schweine für euch schlachten. Ich hoffe, ihr könnt alles verwenden!«

Ist das eine Überraschung! Mitarbeiter und Helfer danken von ganzem Herzen für diesen Segen Gottes. Wieder beschenkt Gott über alles Erwarten. Mit Begeisterung machen sich die fleißigen Hände daran, das Fleisch zu zerteilen und in Gefrierbeutel zu packen. Wie gut, dass Gott uns eine besonders große Gefriertruhe gegeben hat!

Nach und nach füllt sich die Truhe. Und tatsächlich: alles Fleisch verschwindet in der Riesentruhe, so dass sie zuletzt bis obenan gefüllt ist. Was für ein Gott, dass er so praktisch an uns denkt und uns beides genau zum richtigen Zeitpunkt »besorgt« hat! Wir haben darum gebetet – aber haben wir es ihm wirklich zugetraut? Gott hat unsere Erwartungen bei weitem übertroffen!

Es lohnt sich, Jesus wie ein Kind zu vertrauen, wenn es uns um seine Sache geht. Er ermutigt uns, alle unsere Sorgen auf ihn zu werfen. Und wir können erfahren, dass er es ernst meint! Er handelt, wenn wir unsere Unfähigkeit zugeben. Er möchte uns mit seiner Liebe überraschen – jeden Tag neu!

Brigitte Oestreich

Wie soll ich deine Liebe verstehen?

Erinnerungen der ersten Hausmutter

Geboren und aufgewachsen bin ich in Kroatien. Große Pläne hatte ich, als ich mich mit 17 Jahren auf den Weg nach Deutschland machte, um einen Beruf zu erlernen. Aber dann kam alles anders. Meiner Mutter fiel es nicht leicht, mich in die Fremde ziehen zu lassen. Von zehn Kindern war ich das einzige, das noch lebte. Neun meiner Geschwister waren gestorben. Auch mein Vater starb, als ich sieben Jahre alt war. Immer wieder klopfte das Leid an unsere Tür. Immer mehr verstummte das Lachen in unserem Haus.

Mit großen Erwartungen versuchte ich, mich in Deutschland einzuleben. Aber wieder holte mich das Leid ein. Während meiner Ausbildung erkrankte ich schwer an Tuberkulose, so dass ich innerhalb kurzer Zeit in eine Heilstätte eingeliefert wurde. Drei Jahre lang musste ich liegen. Ich litt unsagbar unter Heimweh. So manche Nacht weinte ich still in mein Kissen. Als meine Mutter von meiner Krankheit erfuhr, hatte sie nur den einen Wunsch, mich noch einmal zu sehen. Aber das war nicht möglich. Ein ganzes Jahr verging, in dem wir nichts voneinander hörten. Lebte sie überhaupt noch? Ich wusste es nicht. Hier lag ich nun in der Fremde, schwer krank, mit wenig Hoffnung auf ein Wiedersehen mit meiner Mutter, die mir als Einzige noch von unserer Familie geblieben war. Angst und Verzweiflung zehrten an meiner Kraft.

In meiner Traurigkeit fing ich an, nach dem Sinn des Lebens zu fragen. Wozu bin ich geboren? Warum lebe ich? Meine Kraft nahm von Tag zu Tag ab, und der Arzt gab mir wenig Hoffnung auf Genesung. Einsam, hoffnungslos und fern meiner Heimat schleppten sich die Tage dahin. Aber Gott sah meine Not. Er erbarmte sich meiner und schickte eine gläubige Frau aus Russland an mein Krankenbett. Diese Frau hatte durch den Krieg ihren Mann und beide Söhne verloren. Sie erzählte mir von der Liebe Gottes zu uns Menschen, und dass Gott immer Gedanken des Friedens mit uns hat und nicht des Leids. »Das soll Liebe sein, wenn Gott mir das Liebste nimmt?«, rebellierte es in mir. »Gedanken des Friedens, wenn alles in mir schreit?«

Und doch machte mich das, was die fromme Frau sagte, nachdenklich. Hatte nicht gerade sie allen Grund, sich von Gott abzuwenden? Wie viel Schweres hatte sie erlebt! Stattdessen sprach sie von der Liebe ihres himmlischen Vaters und wusste sich in ihm geborgen.

Durch das Zeugnis dieser Frau und das tägliche Bibellesen mit ihr fand ich zum lebendigen Glauben an Jesus Christus. Mein Gebet war: »Herr, wenn du mir noch einmal die Gesundheit schenkst, dann möchte ich dir dienen.« Und Gott erhörte mein Gebet. Er tat ein Wunder an mir und machte mich gesund.

Zu diesem Zeitpunkt bekam ich die Nachricht, dass meine Mutter noch am Leben war, aber schwer krank im Krankenhaus lag. Wenige Wochen später starb sie im achtundfünfzigsten Lebensjahr. Wieder brach eine Welt für mich zusammen. »Oh Gott«, schrie ich, »wie soll ich deine Liebe verstehen?«

Endlich konnte ich aus der Heilstätte entlassen werden,

aber ich fühlte mich schwach und war arbeitsunfähig. Wenn Gott uns Menschen so liebt, wie kann er so viel Leid in meinem Leben zulassen? Ich wollte meinem Gott dienen, aber es schien alles so unmöglich.

Nach vier schweren Jahren ging ich in die Schweiz zur Bibelschule Beatenberg. Für Gott ist nichts unmöglich. Mein Wunsch war, in Kroatien, meiner alten Heimat, als Missionarin zu arbeiten. Damals war jedoch die Tür für eine Missionsarbeit in diesem Land verschlossen. Neu stand ich vor der Frage: Was ist Gottes Plan für mein Leben?

Eines Tages, es war im Jahr 1955, erhielt die Bibelschule eine dringende Bitte von der Geschäftsstelle der Deutschen Missionsgemeinschaft, eine vollzeitliche Mitarbeiterin zu schicken. Man fragte mich, ob ich mir so eine Aufgabe vorstellen könnte. Ich erschrak und zögerte mit der Antwort. Wollte ich nicht nach Kroatien gehen? Schließlich war ich bereit, die Arbeit für ein Jahr zu übernehmen, obwohl es mir sehr schwer fiel. Aus dem einen Jahr wurden 34 Dienstjahre, eine Zeit, die ich in meinem Leben nicht missen möchte. Gott, deine Wege sind heilig!

Zu jener Zeit befand sich die Zentrale der Deutschen Missionsgemeinschaft in einem Dachzimmer bei Familie Hans Beck in Korntal. Eine kleine Mission, die gerade erst geboren war. Mein Büro bestand aus einem winzigen Raum. Es war zugleich Wohnzimmer, Schlafzimmer und das Zimmer für die Missionskandidaten – etwas anstrengend, aber auch praktisch. Ich hatte alles in einem Raum, zum Putzen nur ein Zimmer, und nach Dienstschluss war ich sofort in meiner Wohnung. So konnte ich Fahrtkosten sparen, kam nie mit Verspätung in das Büro, weil die U-Bahn streikte, denn wenn ich aufstand, befand ich mich schon an meiner Arbeitsstelle. Meinte es Gott nicht wirklich gut mit mir?

Unvergesslich bleibt mir der herzliche Empfang im Hause von Familie Beck. Nach all den schweren Jahren hatte Gott mir wieder ein Zuhause geschenkt. Und wenig später stellte er mir Freunde zur Seite, die mir bei den wachsenden Aufgaben halfen – Hilde Heckeler und Martha Beier, tragende Säulen der Deutschen Missionsgemeinschaft.

Rückblickend kann ich über die Führungen Gottes in meinem Leben nur staunen.

Schwere Wege führen uns näher zu Gott. Sie lassen uns reifen. Sie machen uns barmherziger denen gegenüber, die durch Leid und Krisen gehen. Im Laufe meiner Dienstjahre bin ich immer wieder Menschen begegnet, Missionaren, Mitarbeitern und Freunden, die Rat und Hilfe brauchten. Wie hätte ich sie verstehen können, wenn Gott mich selbst nicht durch große Tiefen geführt hätte?

Gott hat Gedanken des Friedens mit uns und nicht des Leids. Seine Wege sind vollkommen. Er ist es wert, dass ich ihm ganz vertraue.

Elisabeth Schell
war eine der ersten Mitarbeiterinnen der DMG
und arbeitete viele Jahre als Hausmutter.

4.

Wer Gott begegnet, kann nicht schweigen

Erlebnisse der ersten DMG-Missionare

»Mir ist gegeben alle Gewalt im Himmel und auf Erden. Darum geht hin und machet zu Jüngern alle Völker. Taufet sie auf den Namen des Vaters und des Sohnes und des Heiligen Geistes und lehret sie halten alles, was ich euch befohlen habe. Und siehe, ich bin bei euch alle Tage bis an der Welt Ende« (Matthäus 28,18-20).

Unter Indianern und Feuerameisen

Immer wieder war die Abfahrt des Händlerbootes verschoben worden. Nicht nur um Stunden, sondern um Tage! Aus dem Koffer leben wurde zur täglichen Übung.

Abfahrtszeiten bedeuteten hier nichts. Wir mussten uns daran gewöhnen, wenn auch unter Stöhnen.

Endlich war es soweit. »Larga!«, rief der Steuermann unseres Motorkutters. Die Leinen wurden gelöst, die das Boot am Ufer des Xingú-Flusses festhielten. Der altersschwache Motor setzte sich zögernd in Bewegung. Wir waren unterwegs, flussaufwärts, um als junges Ehepaar unseren ersten gemeinsamen Dienst bei den Kayapó-Indianern anzutreten. Während der langen Reise gingen unsere Gedanken immer wieder zurück zu unseren ersten Erfahrungen in Nordbrasilien als ledige Missionare. Land und Leute, ihre Kultur und ihre Nöte hatten wir ein wenig kennen gelernt. Nur ein wenig – das erste Kapitel unseres Dienstes für Jesus, der uns seine Hilfe zugesagt hat: *»Ich bin bei euch alle Tage bis an der Welt Ende« (Mt 28).* Nun begann das zweite Kapitel.

Nach unserem ersten Heimataufenthalt kehrten wir als Neuvermählte nach Brasilien zurück, um unseren Einsatz vorzubereiten. Zuerst einmal musste ich allein in das Gebiet der Kayapó-Indianer reisen, sozusagen als Kundschafter. Uns wurde klar, dass wir in Kokraimóro, einem kleinen Indianerdorf, mit einer neuen Arbeit beginnen sollten. Groß war ihre Freude, als die Indianer hörten, ich würde meine »pron«, meine Ehefrau, mitbringen. Die Indianer halfen mir, eine Hütte zu bauen. In ein paar Tagen hatten sie das Material für das Haus des »MebaBam-kaben-are-djui« (Gottes-Wort-Verkündiger) beisammen. Hölzer und Palmblätter für Dach und Wände gab es genug, ebenso Lehm. Unsere Hütte sollte natürlich eine Küche und ein Schlafzimmer haben. Aber das verstanden die Indianer nun gar nicht. Endlich war es fertig, unser bescheidenes Häuschen in einer ungewohnten Umgebung. Immer wieder dachte ich, was wohl Eugenie zu allem sagen würde? Sicher, meine junge Frau würde staunen! So machte ich mich auf die lange Reise, um Tschini (so nannten die Kayapós Eugenie) zu holen.

Auf dem Fluss Xingú, einem der größten Nebenflüsse des Amazonas, fuhren Eugenie und ich durch endlose Wälder zu den Indianern. Der Fluss führte zu dieser Jahreszeit wenig Wasser. Darum mussten wir mit einigen Wochen Reisezeit rechnen. Der Proviant war bald verbraucht, und wir versuchten, bei den Flussanwohnern etwas Essbares aufzutreiben. Wasserschildkröten, in vornehmen Hotels als Delikatesse angeboten, wurden zur täglichen Speise. Wenn wir in einer Hütte bei Kautschuksammlern oder Kleinbauern für die Nacht hielten, lernten wir die Gastfreundschaft dieser einfachen, ärmlich lebenden Leute kennen. Aber nicht immer konnten wir menschliche Siedlungen für die Nacht finden. Was war die Alternative? Ganz einfach! Wir banden die Hängematten am Ufer zwischen zwei Bäume oder schlugen unser kleines Zelt auf. Manchmal war uns schon etwas unheimlich zumute, wenn der Schrei eines aufgescheuchten Vogels durch die Nacht gellte oder es im Unterholz raschelte. Konnte nicht irgendwo eine gefährliche Giftschlange lauern oder ein Jaguar auf Beutezug unterwegs sein? Nur gut, dass wir uns geborgen wussten in unseres Herrn Hand. Er hatte uns zu diesen Menschen gesandt, so würde er auch für uns sorgen.

Immer wieder auf der langen Reise musste die ›Lancha‹ schwierige Stellen passieren, in denen sich Felsgeröll aufgetürmt hatte. Manchmal schaffte der Motor es überhaupt nicht, und der Steuermann musste die Maschinen abstellen, weil die Felsen das Ruder und die Schraube in Gefahr brachten. Unsere Geduld wurde auf eine harte Probe gestellt. Die ganze Schiffsladung musste ausgeladen und auf die Felsen gestellt werden. Die Bootsbesatzung begann, das Schiff mit einer Handwinde und Stahlseilen Zentimeter für Zentimeter gegen den Strom zu hieven. Dann legten wir an einem Tag keine 100 Meter zurück. Die Ladung wurde über die Felsen hochgeschleppt und wieder eingeladen: Händlerwaren wie Zucker, Seifenkisten, Petroleumkanister, Salzsäcke und natürlich auch unsere Jahresausrüstung an Lebensmitteln und andere wichtige Dinge für das tägliche Leben im Indianerdorf.

Weiter tuckerte das Schiff den Hunderte von Metern breiten Xingú entlang bis zur nächsten Gefahrenstelle. Wieder musste alles ausgeladen werden, die Ladung über die Felsen hochgetragen, verladen und weitertransportiert werden. Eigentlich war es nicht schwer, sich mit solchen Reiseverhältnissen abzufinden – es gab keine anderen! Wir mussten die Situation annehmen und versuchen, das Beste daraus zu machen. In solchen Stunden machte uns das Wissen um den großen Auftrag immer wieder Mut: *»Gehet hin in alle Welt ...«*. Wie weit ist doch die Welt!

Für viele Stunden fuhren wir nun bereits durch das Indianergebiet. Eines Tages hieß es endlich »pega«. Einer der Bootsleute warf die Halteleinen ans Ufer. Dort fing sie jemand auf und befestigte das Boot an einem Baum. Wir hatten, nicht weit von unserem Reiseziel entfernt, an einer der vielen kleinen Inseln im Fluss angelegt. Die Anwohner der Insel waren Kayapó-Indianer aus dem Dorf, zu dem unsere Reise ging. Freundlich begrüßten sie uns.

»Kommt, seht euch unser neues Dorf an«, berichteten sie stolz. »Euer neues Dorf? Habt ihr das alte schon wieder verlassen? Und unser Haus?«, reagierte ich betroffen. Unser erstes gemeinsames Haus, das ich mit viel Mühe und Liebe für Eugenie gebaut hatte! Alles vergeblich. Eine unangenehme Überraschung, die erste große von vielen, die noch kommen sollten.

»Kein Problem, baut euch ein neues«, versuchten die Indianer mich aufzumuntern. Der Häuptling, wohlbeleibt mit großen Löchern in den Ohrläppchen, durch die ein kunstvoll geschnitzter Holzschmuck gezogen war, zeigte uns ein Strohhaus: »Hier könnt ihr vorläufig wohnen«, erklärte er großzügig.

Nachts blinkten die Sterne durch das Grasdach. Zum Glück war Trockenzeit und kein Regen zu befürchten. So gut es ging, passten wir unsere Behausung unseren Bedürfnissen an: eine Kochstelle, ein Schlafraum, ein großes Besuchszimmer für die Indianer, wo wir auch die Kranken behandeln konnten, die sich bald einstellten. Die Wände bestanden aus Palmblättern, durch die neugierige Kinder ihre Hände steckten. Fenster gab es keine, aber eine Tür. Zunächst baute ich eine Feuerstelle aus Lehm. Seifenkisten und unbearbeitetes Holz ergaben die ersten ›Möbel‹. Schnell merkten wir, dass wir nicht die einzigen Bewohner unseres Hauses waren. Es hatte bis kurz vor unserer Ankunft als Lagerhaus für die Paranuss-Ernte gedient und damit als Lebensraum für Feuerameisen. Die Nüsse waren fort, aber die Ameisen geblieben. Mit ihnen standen wir auf Kriegsfuß, und es gab schmerzliche Erfahrungen auf beiden Seiten!

Den Indianern war die Insel nur eine Übergangslösung. Sie bauten bereits an ihren Hütten am anderen Ufer des Flusses, etwa zwei Kilometer entfernt. Auch wir hatten einen Bauplatz markiert bekommen. Dort sollte unser Wohnhaus, ein Versammlungs- und Schulhaus entstehen. Die täglichen Fahrten durch die Stromschnellen und die Arbeit an den Häusern kosteten viel Kraft. Aber dann half ein Ereignis, das Bauvorhaben zu beschleunigen. Beim Brandroden nahe an den Hütten unserer Insel fing eine davon Feuer. Wie ein Sturm erfassten die Flammen die Nachbarhütten. Immer näher fraß sich das Feuer auf unser Haus zu. Bevor wir richtig denken konnten, war alle unsere Habe durch viele Hände an das nahe Flussufer getragen worden, darunter auch unsere Benzin- und Petroleumvorräte, die medizinische Ausrüstung, einfach alles, was wir besaßen.

Und schon stand ich auf dem Strohdach unserer Hütte, eigentlich für »Fußgänger« nicht stark genug, und löschte mit nassen Tüchern die kleinen Feuerherde, die sich durch den Funkenflug zu bilden begannen. Auf diese Weise wurde das Feuer aufgehalten. Trotzdem mussten wir einige Tage im Zelt am Ufer schlafen. Die Gefahr eines erneuten Feuerausbruchs war zu groß. Geisterhaft ragten die verkohlten Stämme überall aus der Erde. Die Indianer setzten sich sofort ab und zogen in ihr Dorf, das sich gerade im Bau befand. Damit waren wir Einsiedler der Insel geworden.

Oft blieb Eugenie über Tag ganz allein auf der Insel, wenn ich mich um den Bau unseres neuen Hauses am anderen Ufer kümmerte. Das war nicht leicht, und ich machte mir große Sorgen um sie. Eine Vielzahl von Herausforderungen für eine junge Frau, die sich eigentlich vor jeder Spinne fürchtet. Ameisen und anderes Ungeziefer waren ihre täglichen Begleiter. Vor einiger Zeit hatten die Indianer sogar einen Jaguar auf der Insel gesichtet. Einmal gingen Eugenie und ich durch die Ruinen des abgebrannten Dorfes. Aber nach wenigen Minuten ergriffen wir die Flucht, nicht, weil wir einen

Jaguar gesehen hatten, sondern weil plötzlich Hunderte von Sandflöhen an unseren nackten Beinen saßen. Sie hatten endlich wieder Blut gerochen und ihre wehrlosen Opfer überfallen.

Nach Monaten harter Arbeit konnten wir in das neue Dorf umziehen. Die Botschaft von der Liebe Gottes, die wir den kriegerischen Kayapós bringen wollten, sollte bald in einigen Herzen das Licht des Evangeliums aufgehen lassen. »Ibe Jeju mari ...« (Ich glaube an Jesus ...) war eines der ersten Lieder, die sie mit uns sangen. Bis heute wurden dort viele Kapitel der Geschichte des Reiches Gottes geschrieben. Nicht in Büchern aufgezeichnet, sondern in den Herzen.

Karlheinz und Eugenie Berger
arbeiteten viele Jahre als Pioniermissionare im Urwald Brasiliens und später in der Administration ihrer Mission vor Ort.

Kajapó-Indianer in Trauerbemalung   Foto: L. Kornmann

Sein letzter Einsatz

Mai 1961. Die Weltausstellung in Casablanca beginnt. Kaufleute aus allen Ländern haben sich eingefunden und zeigen das Interessanteste aus aller Welt, die neuesten Erfindungen aus Technik und Wissenschaft.

In einer der vielen Messehallen haben auch wir, das Missionarsteam, einen Platz gemietet für unseren christlichen Stand. Bibeln und Evangelien liegen aus, christliche Literatur in acht Sprachen.

Erster Tag. Ein afrikanischer Student verlangt eine Bibel. »Verstehen Sie die Bibel?«, frage ich ihn. »Nein, ich bin Araber, Moslem, ich verstehe die Bibel nicht, aber auch nicht den Koran.«

»Die Bibel ist Gottes Wort. Um sie zu verstehen, braucht man mehr als den Verstand. Man kann sie nur mit dem Herzen begreifen«, versuche ich ihm zu erklären. Erstaunt blickt der Student mich an. Dann schaut er nach rechts und links. Gut, keiner beobachtet ihn. Dann nimmt er mit einem raschen Griff eine arabische Bibel. Schnell steckt er sie in sein Jackett, legt einen Geldschein auf den Tisch und stürmt davon. »Halt! Sie bekommen noch Geld zurück«, will ich ihm nachrufen, aber schon ist er aus meinen Augen verschwunden.

Montag, 10. Mai. Ich habe Mittagsdienst. Nichtsahnend gehe ich mit zwei Missionaren zum Bücherstand. Todernste Gesichter. Was war passiert? Stockend erzählen unsere Mitarbeiter: Eine halbe Stunde zuvor kommt eine Gruppe muslimischer Männer auf den Bibelstand zu. Sie scheinen sich für die Bibel zu interessieren. Plötzlich entsteht Unruhe in der Gruppe. Sie flüstern sich etwas zu. Unsere Mitarbeiter merken, dass etwas nicht stimmt. Sie spüren die Gefahr und ergreifen die Flucht. Aber nur zwei von ihnen können fliehen. Der junge François Arthofer, ein Schweizer, schafft es nicht. Von einem Messerstich getroffen, bricht er zusammen. Wenige Minuten später stirbt er. Auf dem Friedhof in Casablanca wird er begraben. Erst vor einigen Jahren war François zum lebendigen Glauben an Jesus Christus gekommen. Gott schenkte ihm eine brennende Liebe für Muslime. Christus war sein Leben – und Sterben ist nun sein Gewinn! Ganz sicher gehört er zur Schar der Märtyrer, die ihr Bekenntnis zu Jesus mit ihrem Blut besiegelt haben.

Dem Mörder gelingt die Flucht, geschützt durch seine Muslimfreunde. Uns sitzt der Schreck in allen Gliedern, als wir von dem furchtbaren Geschehen hören. Zitternd stehen wir am Büchertisch. Sollen wir weitermachen? Wir machen weiter …

Elfriede Gamber
arbeitete von 1960 bis 1963 in Marokko,
später leitete sie Gebetskreise der DMG in Stuttgart.

Wenn Jesus Gott ist und für mich gestorben,
dann kann mir kein Opfer zu groß für ihn sein.
C. T. Studd

5.

Gebet – das Herz der Mission

»Wenn ihr in mir bleibt und meine Worte in euch bleiben, werdet ihr bitten, was ihr wollt, und es wird euch widerfahren« (Johannes 15,7).

Herr, verändere mich

Gebet eines Missionars

Herr, ich kann nicht mehr.
Ich bin schwer verwundet in dieser Schlacht.
Nie hast du mich so tief fallen lassen.
Ich bin schlecht und unbrauchbar.
Meinem Bruder und Mitarbeiter soll ich vergeben,
und in meinem Herzen schreit es: Vergeltung!
Zahle es ihm heim, lass diese Bosheiten nicht ungestraft.
Ich verstehe nicht, Herr, wie du uns gebrauchen kannst.
Warum nur hast du uns gesandt?
Ich weiß, du hast einen weisen Plan,
aber ich begreife ihn nicht.
Vater im Himmel, gib mir den Willen zu vergeben, die Kraft.

Du hast uns versöhnt. Vertrauen wächst
wie ein zartes Pflänzchen. Lass es nicht zerdrückt werden.
Bei dir, Herr, bin ich reich. Und ganz zufrieden.
Verändere mich. Lass uns die Menschen,
zu denen du uns gesandt hast,
mit deinen Augen sehen, sie achten und ehren.
Mach uns frei von stolzem Denken,
als wären wir besser als sie.
Gib uns die Bereitschaft, von ihnen zu lernen.
Herr, lass uns wieder von dir geleitet werden,
dass wir deinem Wirken in unserer Mitte Raum geben.
Vor allem schenke den Willen, uns von dir verändern zu lassen.

Gib uns den Mut, mit unseren Taten und Gaben
Zeichen zu setzen, wo es Worte nicht tun.
Lass unser Herz nur für dich schlagen,
anstatt jedes Jahr noch mehr zu wollen.
Gib uns die Einfachheit im Leben,
die sich ganz auf dich konzentriert.
Ich möchte alles hinschmeißen, Herr!
Ich bin ein Messer, das stumpf geworden ist
und in deiner Hand nicht mehr schneidet.
Vergib mir, Herr, wo ich das zugelassen habe.

Ach, wo ist die alte Erwartung dir gegenüber geblieben,
dass du eingreifst und Wunder tust?
Wo der Glaube, dass du auf unser Gebet hin
jetzt gewaltige Dinge tust.
Vergib, wo wir nicht dir allein vertrauen,
sondern auf unsere eigene Klugheit bauen.

Erneuere uns. Ich will wieder große Dinge von dir
und keinem anderen erwarten, erbeten.
Und dich darüber loben.

Gib uns den Mut, von dir zu erzählen,
auch wenn es gefährlich wird. Lass uns nicht von Angst
und Absicherung regiert werden.
Was kann uns denn passieren? Bist nicht du bei uns?
Unsere Festung, die für immer bestehen bleibt?
Dir geben wir uns hin,
denn du hast dich für uns dahingegeben.
Du Lamm Gottes, in dein Lebensbuch
sind unsere Namen geschrieben.
Dir sei Lob, Preis und Ehre. Amen.

Matthias und Martina Knödler
arbeiteten 10 Jahre in der Türkei. Heute stehen sie im Dienst an Ausländern im Rhein-Main-Gebiet.

Der Mückenschwarm von belanglosen Sorgen
und Entscheidungen
um den Verlauf der nächsten Stunden hat
meine Gebete häufiger
gestört als irgendeine Leidenschaft oder Lust.
C. S. Lewis

Aus dem Motor kommt Musik

Es ist schon Abend, als wir uns mit einer Gruppe von Studenten auf den Weg nach K. machen. Eine kleine Gemeinde in diesem Ort hat uns zum Gottesdienst eingeladen. Bald erreichen wir den Gebirgspass, der auf dem Weg zu unserem Ziel liegt. Starke Böen kommen auf. Das Wetter schlägt um! Auf der Passhöhe Temperaturen weit unter Null.

Polizeikontrolle. Wir halten an. Ich stelle den Motor ab, steige aus und zeige dem Beamten meine Papiere. Alles in Ordnung. »Könnt ihr noch jemanden mitnehmen?«, fragt er. Es braucht etwas Zeit, um deutlich zu machen, dass der Kleinbus schon voll besetzt ist. Endlich weiter. Noch ein großes Stück Weg liegt vor uns. Doch was ist das? Der Motor unseres Kleinbusses lässt plötzlich nach. Der Wagen kommt zum Stehen und geht schließlich ganz aus. Alle Versuche, ihn neu zu starten, scheitern. Der Diesel in der Kraftstoffleitung ist eingefroren!

Ja, unser Mechaniker hat uns vor der Abfahrt gewarnt, unterwegs den Motor abzustellen. Der Diesel-Treibstoff, den wir getankt haben, hat keinen Frostschutz. Und Frostschutz gibt es auch nicht immer an den Tankstellen. Schon zehn Minuten Stillstand bei der Kontrolle waren zu lange!

Was tun? Drinnen im Bus eine Handvoll junger Leute, die zum ersten Mal in diesem Wagen sitzen. Draußen um uns her die weite Steppe Kasachstans. Wir stellen uns auf eine kalte und lange Nacht ein. Wer hilft uns in dieser aussichtslosen Lage?

»Unsere Hilfe kommt vom Herrn, der Himmel und Erde gemacht hat« (vgl. Ps 121,2).

Wir beten. Not kann beten lehren. Den Wagen schieben wir auf einen kleinen Rastplatz. Tagsüber ist hier reger Verkehr, wenn den Vorüberfahrenden Schaschlik, Ploph und andere Gerichte der einheimischen Küche angeboten wird. Jetzt aber wärmen sich in den mit Holz und Kohle gut eingeheizten Jurten (Zelte der kasachischen Nomaden) lediglich die Wirtsleute mit ihren Familien, die hier ihren zeitweiligen Wohnsitz haben.

Gerade macht sich ein Linienbus nach einem kurzen Halt wieder auf die Reise. Ein Mitreisender gibt uns noch einige Ratschläge. Benzin! Man müsste etwas Benzin haben, um es mit dem eingefrorenen Diesel zu mischen! Ein Autofahrer, den wir um einige Liter bitten, lehnt ab. In einer der Jurten machen wir uns mit zwei Fahrern eines Tanklastzuges bekannt. Sie sitzen schon einen ganzen Tag wegen einer Panne hier fest. Gerne verkaufen sie uns, was wir brauchen.

Als das Benzin eingefüllt ist, durchpusten wir mit einer Luftpumpe die freigelegte Kraftstoffleitung, um sie von dem eingefrorenen Diesel zu befreien. Die Spannung steigt. Ich versuche, den Motor anzulassen. Noch einmal und noch einmal. Jetzt wird auch die Autobatterie schwächer. »Gas geben!«, ruft mir einer der Mitreisenden zu. Tatsächlich! Hustend springt der Motor an.

Kann das schön sein, das gleichmäßige »Knattern« eines Dieselmotors! Musik in unseren Ohren! Wir stimmen einen Chorus an: »Lobe den Herrn, meine Seele, und seinen heiligen Namen ...« Schon oft haben wir ihn in der Schule gesungen. Aber heute klingt er anders – wie aus einem Mund und zweimal so laut.

Bald nach Mitternacht sind wir am Ziel. Unseren Gastgebern, die uns schon lange erwartet haben, erzählen wir, was wir gerade erlebt haben. Wir haben einen Gott, der sich in der Not finden lässt.

Andreas Wendel
ist Bibelschullehrer in Zentralasien.

Beten heißt: mitten durch Kälte und Finsternis hindurchwandern und zum Vater gehen.
F. von Bodelschwingh

Kasachischer Bauer mit Sohn   Foto: C. Herm

Im Gebet durch die Welt

Unerkannt würde sie durch die Fußgängerzone unserer Stadt gehen. Eine Frau wie du und ich. Nicht sehr groß und kräftig, aber mit einer brennenden Liebe zu Jesus.

Gerade 15 Jahre alt war Emilie Schmid, als ihre Mutter starb. Nun standen sie und ihre beiden Geschwister allein da. Schon vor Jahren hatte der Vater seine Familie verlassen. Mit Fleiß und Gottvertrauen brachte die Mutter ihre Kinder durch.

Emilie blieb nichts übrig, als eine Arbeit als Hausangestellte anzutreten. Später erlernte sie die Hauspflege und trat dem Hauspflegeverband bei. Dadurch konnte sie in vielen Familien helfen.

Durch Verwandte aus der Schweiz fand Emilie zum lebendigen Glauben an Jesus Christus. Ihre geistliche Heimat wurde die Feuerbacher evangelisch-methodistische Kirche. Dort war sie jahrzehntelang treue Chorsängerin, betreute eine Seelsorgegruppe und packte zu, wo nötig.

Um mehr von Gottes Wort zu verstehen, besuchte sie die Beatenberger Abendbibelschule in Stuttgart und nahm an Veranstaltungen im Bibelheim Böblingen teil. Dort lernte sie Menschen kennen, die zur Deutschen Missionsgemeinschaft Kontakt hatten. Mit großem Interesse hörte Emilie Schmid, wie Gott Männer und Frauen in alle Welt sandte, um die Frohe Botschaft zu verkündigen. Von da an schlug ihr Herz für Weltmission.

Es traf sie hart, als sie durch eine Hypophysenstörung im 40. Lebensjahr arbeitsunfähig wurde. Nun musste sie mit einer geringen Rente auskommen. Aber dadurch wuchs ihr Vertrauen zu ihrem himmlischen Vater umso mehr. Sie lebte ganz in der Abhängigkeit von ihm. Und Gott sorgte treu für sie, so dass sie nie Mangel hatte. Durch ihre offene, liebenswürdige und kontaktfreudige Art lernte sie viele Menschen kennen, die auf mancherlei Weise an sie dachten. Die Liebe, die sie selbst erfuhr, gab sie an andere weiter.

Wie gern wäre sie selbst als Missionarin in ferne Länder gegangen. Aber Gott hatte einen anderen Auftrag für sie, den Gebetsdienst – eine Aufgabe, die dem Missionsdienst »an der Front« in keiner Weise nachsteht. So erfüllte Emilie Schmid in treuer Fürbitte ihren Missionsauftrag. Im Gebet bereiste sie viele Länder unserer Erde. Mit Hingabe und Treue unterstützte sie fürbittend die Missionare in ihrer Arbeit. Sie wusste, dass im Gebet eine große Kraft liegt, die Menschen und Situationen verändern kann. Mit dem Gebet wollte sie – wie sie gern sagte – den »Arm unseres Gottes bewegen«.

Wenn man sie abends noch anrief und sich nach ihrem Befinden erkundigte, äußerte sie manchmal: »Ich bin mit meiner Arbeit noch nicht fertig. Ich habe noch nicht für alle meine Missionare gebetet.« Keinen vergaß sie. Dem kleinen Buch, in dem alle persönlichen Gebetsanliegen der Missionare standen, sah man den ständigen Gebrauch an.

Nicht nur im Gebet, auch durch Briefe und Anrufe pflegte sie den Kontakt zu Missionaren. An jeden Geburtstag dachte sie. Selten schickte sie einen Brief ohne ein kleines Geldgeschenk auf die Reise. Auch für die Missionarskinder hatte Emilie ein weites Herz. Mit selbst gefertigten Blumenkarten erfreute sie viele an ihrem Geburtstag.

Am Jahresende bemerkte sie manchmal freudestrahlend: »Dieses Jahr habe ich 700 Briefe versandt.« Es war ein Dienst in großer körperlicher Schwachheit. Ihr Augenlicht wurde immer weniger, bis zuletzt das linke Auge ganz entfernt werden musste.

Emilie Schmids Alltag war geprägt von der Fürbitte und der Anteilnahme an den Geschehnissen in der Mission. Das wirkte ansteckend auf andere. Über Jahre hinweg leitete sie den Gebetskreis des Frauengebetsbundes in Stuttgart-Feuerbach, bis sie ihn, bedingt durch Krankheit, abgeben musste.

Über fünf Jahre verbrachte Emilie Schmid in einem Pflegeheim in Stuttgart. Durch die Parkinson-Krankheit nahmen Schmerzen und Schwachheit zu. Sie war völlig auf fremde Hilfe angewiesen. Trotzdem zeichnete sie eine tiefe Dankbarkeit aus. Ihre Hände waren so verkrümmt, dass es ihr nicht möglich war, auch nur einen Handgriff zu tun. Sie konnte sie nicht mehr falten zum Gebet, aber in ihrem Herzen betete sie weiter für die Missionare und um Rettung derer, die ohne Jesus verloren gehen.

Ihr sehnlichster Wunsch war, bald zu ihrem Herrn heimgehen zu dürfen. Am 19. Juni 2000 hat Gott Emilie zu sich gerufen in die Ewigkeit, dorthin, wo es kein Leid, keinen Schmerz und keine Tränen mehr geben wird.

Wie viele Menschen in aller Welt haben Hilfe und Rettung erfahren durch den Dienst treuer Beter wie Emilie Schmid, die in aller Stille und oft unter Tränen für Gottes weltweites Werk einstehen!

H. Stark/E. Herm

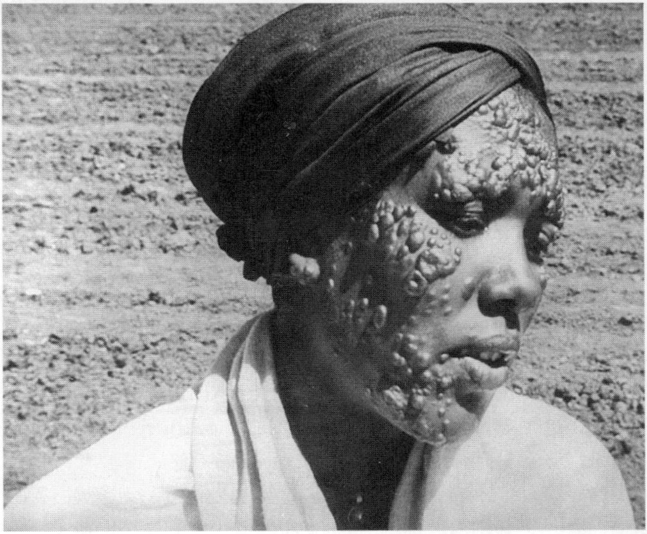

Leprakranke Frau, Äthiopien Foto: E. Herm

Das Kostbarste, das von dieser Erde
zu Gottes Thron dringt,
ist das Lob seiner Kinder unter Tränen.

B. Herm

Der König der Katzen

Eine arabische Fabel

Der König der Katzen war von seiner Pilgerreise nach Mekka zurückgekehrt. Aufgeregt trafen sich die Mäuse und beratschlagten, wie sie ihm begegnen sollten. Nach angestrengtem Nachdenken meinte der König der Mäuse: »Wir müssen ihn willkommen heißen und ihm sagen, dass wir uns mit ihm freuen über seine gesunde Heimkehr von der Pilgerreise. Das ist Tradition.«

Die Mäuse antworteten ängstlich: »Aber er ist unser Feind, wie können wir uns ihm nähern?«

»Nach der Pilgerreise kann er sich nicht mehr verhalten, wie er will. Er betet jetzt den ganzen Tag«, entgegnete der König der Mäuse im Brustton seiner Überzeugung.

Die Mäuse schienen sich nicht so sicher und entschieden: »Geh du und heiße ihn willkommen. Wir warten hier auf dich.«

Der König der Mäuse machte sich auf den Weg durch die vielen unterirdischen Gänge und blinzelte vorsichtig aus seinem Mauseloch heraus. Da sah er den König der Katzen auf einem reich verzierten Stuhl sitzen mit der weißen Pilgerkappe auf dem Kopf und Gebetsperlen in der Hand. Halblaut murmelte er Gebete vor sich hin. Nach einiger Zeit spuckte er über seine linke und rechte Schulter, um den Teufel zu vertreiben, der ihn von seinen Gebeten abhalten wollte.

Als er aber den König der Mäuse erblickte, sprang er auf ihn zu und hätte ihm fast den Schwanz abgebissen, wenn dieser nicht schnell wieder in seinem Mauseloch verschwunden wäre.

Aufgeregt empfingen die Mäuse ihren König und fragten: »Und? Wie geht es ihm, dem König der Katzen? Hat er sich zum Besseren verändert?«

»Redet nicht über die Pilgerreise«, wehrte der Mäusekönig ab. »Er betet jetzt zwar wie ein Pilger, aber er springt immer noch wie eine Katze.«

Elisabeth Zuelsdorf
hilft als Ärztin Frauen in der arabischen Welt.

6.

Mein Leben für Gott

Wie Gott DMG-Missionare in seinen Dienst rief

»Und ich hörte die Stimme des Herrn: Wen soll ich senden? Wer will unser Bote sein? Ich aber sprach: Hier bin ich, sende mich« (Jesaja 6,8).

Ein kaiserlicher Pilot wird Missionar

Karriere machen, erfolgreich sein, das war mein Lebensziel. Aber mit einem Schlag änderte sich mein Leben. Elf Jahre lang arbeitete ich als Pilot der äthiopischen Luftwaffe, bis der Militärputsch 1974 mit der kommunistischen Machtübernahme alle meine Pläne zerschlug. Der rote Terror wütete im Land und fügte unserer Heimat und den Christen unsagbares Leid zu. Auch mich brachte er in seine Gewalt.

Plötzlich, wie aus heiterem Himmel, kamen sie und verhafteten mich. Ohne Kommentar führten sie mich in einen kleinen Raum der Polizeistation, wo sich bereits andere Häftlinge befanden. Später brachten sie uns in ein größeres Gefängnis. Eine furchtbare Angst überfiel mich. Viele meiner Bekannten, die vorher inhaftiert waren, wurden erschossen. Zu meiner Angst kam die Sorge um Zufan, meine Frau. Zwei Jahre waren wir verheiratet, hatten aber wegen der Unruhen im Land weniger als ein Jahr zusammengelebt.

Wochen der Angst und Hoffnungslosigkeit warteten auf mich. Oft dachte ich, alles wäre nur ein Traum, aus dem ich jederzeit erwachen könnte. Aber es war kein Traum, sondern grausame Wirklichkeit. Inständig bat ich Gott, mich zu befreien, doch nichts geschah. Alles in mir rebellierte – gegen dieses furchtbare Gefängnis und gegen Gott. Aber dann, eines Tages, redete Gott zu mir: »Warum rebellierst du? Meinst du, ich hätte deine fatale Lage nicht unter Kontrolle? Denkst du wirklich, du bist der Willkür von Menschen preisgegeben? Nimm diese Zeit an und dieses Gefängnis! Ich bin bei dir und will dir näher sein als je zuvor. Du kannst mir vertrauen.« Wie viel Befreiung liegt im Annehmen der Wege Gottes, auch wenn sie schwer sind! Ich dankte dem Herrn für seine Gegenwart und legte mein Leben ganz neu in seine Hände. »Dir will ich gehören, Herr«, betete ich. »Tot oder lebendig. Dein Wille geschehe. Ich akzeptiere dieses Gefängnis.« In dem Augenblick fiel alle Angst wie eine zentnerschwere Last von mir ab, und ich spürte einen tiefen Frieden in meiner Seele. Und immer, wenn die Angst wieder Macht über mich gewinnen wollte, betete ich: »Herr, ich will dir vertrauen. Du bist bei mir.«

Einige Male in der Woche marschierte ein Soldat mit einer Namensliste in den Raum. Laut brüllte er einen Namen. Der Aufgerufene trat heraus und wurde abgeführt. Wir sahen ihn nie wieder. Viele, so hörten wir, wurden auf offener Straße vor den Augen der Verwandten erschossen. Man verbot den Angehörigen zu weinen – dieser Staat duldete keine Tränen. Sie mussten sogar zahlen, um ihre Toten beerdigen zu dürfen. Unter den Gefangenen ging die Angst um. »Werde ich heute auf der Liste sein oder morgen?« Auch die Trennung von Zufan empfand ich in manchen Stunden als unerträglich.

Ein paar Tage später kamen drei ältere Mitgefangene zu mir, hagere Gestalten, denen der Hunger im Gesicht geschrieben stand. Sie waren Christen. »Marcos, du kennst Jesus«, begannen sie. »Du bist jung. Es wäre gut, wenn du dich um die Jugendlichen unter den Gefangenen kümmerst. Sie brauchen Jesus. Viele haben nie von ihm gehört. Wir wissen nicht, wie viel Zeit uns noch bleibt.« Ich schaute in die tief eingesunkenen Augen der Männer. Was für ein Leuchten ging von ihnen aus! Ich zögerte. Konnte ich, der ich selbst so viele Fragen an Gott hatte, meinen Mitgefangenen den Weg zu ihm zeigen? »Nun, was denkst du«, fuhren die Männer fort. »Wir haben für dich gebetet und glauben, dass Gott dich zu dieser Aufgabe beruft.« Nach einer langen Pause willigte ich ein.

Kaum zu glauben, außerhalb des Gefängnisses wurden die Christen verfolgt. Sie mussten sich im Untergrund treffen, denn alle Kirchen wurden geschlossen, und Bibeln waren streng verboten. Viele Gläubige kamen ins Gefängnis und wurden um ihres Glaubens willen erschossen. Im ganzen Land, an Arbeitsplätzen und in Schulen lehrte man Marxismus und trichterte den Menschen kommunistische Parolen ein. Nur im Gefängnis lief es anders. Bibeln waren hier erlaubt. Wir durften so laut und so oft predigen, wie wir wollten. Ungehindert konnten wir christliche Lieder singen.

Den jungen Leuten die biblische Botschaft nahe zu bringen, erwies sich als schwierig. Ihr Denken war geprägt vom Kommunismus. Aber Gott half mir und wirkte Wunder. Viele kamen zum Glauben an Jesus. Andere, die lau geworden waren, wurden gestärkt. Zweimal täglich trafen wir uns im Gefängnis zum Gebet. Es entstand eine richtige Gefängnisgemeinde.

Einmal im Jahr durfte Zufan mich in Begleitung von fünf schwer bewaffneten Männern für 15 Minuten besuchen. Uns war nur erlaubt, auf Amharisch miteinander zu reden. Zufan jedoch konnte damals noch kein Amharisch, und bis sie einzelne Worte nachgeschlagen hatte, waren die 15 Minuten vorbei. Aber wir hatten uns wenigstens gesehen. Abschied, Schmerz, Tränen – würde es je anders werden?

Nach zwei Jahren Haft wurde ich in eine Stadt nahe der somalischen Grenze überführt. Was mich hier erwartete, war purer Horror. Achtzehn Personen teilten ein Zimmer von weniger als drei mal drei Meter. Es stank erbärmlich in dem stickigen Raum. Das Blechdach war so niedrig, dass die größeren unter uns nicht einmal stehen konnten. Unerträgliche Hitze herrschte in dem fensterlosen Raum. Bei Temperaturen von 30 bis 40 Grad kauerten wir schwitzend und durstig auf unseren dünnen Strohmatten, die über dem schmutzigen Boden ausgebreitet waren. Von sechs Uhr abends bis sechs Uhr morgens durfte keiner von uns auf die Toilette. Das war furchtbar, denn bei der schlechten Ernährung und der mangelnden Hygiene litten viele von uns an Durchfall. Nachts, wenn es dunkel war, hörten wir die Ratten über den Boden huschen.

Ein Lichtblick in dieser Zeit war der unerwartete Besuch von Zufan. Ich meinte zu träumen, als sie mir gegenüberstand. Aber unser Glück währte nur eine kurze Zeit. Schnell holte uns die Realität ein. »Du musst so bald wie möglich weg von hier«, warnte ich sie, obwohl ich mich nach nichts mehr sehnte als nach ihrer Nähe. »Aber warum denn?«, fragte sie mit Tränen in den Augen. »Es ist zu gefährlich hier im Grenzgebiet. Du weißt, in Somalia herrscht Krieg. Bitte fahre zurück.« – »Ach, lass mich bleiben«, bat sie, und ihre Stimme zitterte, »dann sterbe ich eben mit dir.« – »Bitte, Zufan, sei vernünftig. Fahre zurück.« Zufan weinte. »Gut, ich fahre. Wenn ich dir nur helfen könnte!« – »Du kannst mir helfen«, ermutigte ich sie. »Bete für mich.« – »Ich bete Tag und Nacht für dich, aber es ist so schwer. Ich weiß, bei Gott ist nichts unmöglich. Wir wollen ihm vertrauen. Er kann uns wieder zusammenführen.« Schweren Herzens trennten wir uns. Würde ich Zufan je wiedersehen? Gott erhörte ihre Gebete. Wenige Monate später wurde ich entlassen. Ein Wunder Gottes, neu geschenktes Leben! Dieses Leben wollte ich meinem Herrn ganz zur Verfügung stellen. In jenen dunklen Tagen der Gefangenschaft rief Gott mich in seinen Dienst. Das galt auch jetzt noch. Nicht nur mit meinen Lippen, mit meinem ganzen Leben wollte ich ihm danken.

Wenn ich auf die drei Jahre der Gefangenschaft zurückschaue, kann ich nur bekennen: Ganz gleich, wie schlimm die Zeit im Gefängnis auch war, sie half mir, Gott besser kennen zu lernen, meine Zukunft und all meine Ziele ihm anzuvertrauen. Wenn die Nacht am dunkelsten ist, ist Gott am nächsten. Manchmal ist die schwerste Zeit im Leben die beste. Mehr denn je habe ich in dieser Zeit Gottes Treue und Macht erlebt.

Marcos und Zufan Habtetsion

Marcos Habtetsion ist als Missionspilot in Ostafrika unterwegs. Er fliegt Missionare und ihre Kinder, Patienten und Versorgungsgüter. Neben seinem Beruf als Pilot sind Marcos und Zufan mit ihren drei Kindern in der Gemeinde- und Jugendarbeit einer äthiopischen Gemeinde in Nairobi tätig.

Es gefällt dem Herrn, in der Nacht zu kommen,
darum fürchtet die Nacht nicht.

H. Jung-Stilling

Pilot Marcos Habtetsion Foto: DMG-Archiv

Der Traum von Afrika

Es war zwei Uhr nachts. Aufrecht saß ich im Bett, noch ganz verwirrt von einem merkwürdigen Traum. Ich hatte von Afrika geträumt, von Palmen, weißen Sandstränden, wilden Tieren und fröhlichen Gesichtern. Unter einem großen Baum hatte ich gesessen. Um mich herum drängte sich eine Schar Kinder, denen ich aus einem Buch vorlas. Zugleich hörte ich Gott mit mir reden. Plötzlich verschwand das Bild, und ich war hellwach, zurück in der Wirklichkeit.

Der Traum ließ mich nicht mehr los. Ich war damals 15 Jahre. Immer wieder fragte ich mich: War es nur ein Traum oder mehr? War es ein Blick in die Zukunft? Wollte Gott mir etwas sagen? An einem Abend ergab sich die Gelegenheit, mit unserer Jugendleiterin darüber zu reden. Ich wusste, sie würde mich nicht auslachen. Sie wies mich auf Menschen in der Bibel hin, zu denen Gott durch Träume gesprochen hat. Gemeinsam brachten wir die Sache vor Gott und baten um seine weitere Führung.

Mehr als ein Jahr verging, bevor Gott erneut auf ungewöhnliche Weise zu mir redete. Eines Morgens erwachte ich, und das Wort »Swahili« kreiste in meinen Gedanken. Ich hatte keine Ahnung, woher dieses Wort kam, noch was es bedeutete. Mehrmals versuchte ich, es zu vergessen, doch wie ein Bumerang kehrte es zurück. Schließlich griff ich zu Meyers Lexikon. Tatsächlich gab es das Wort. Als Erklärung stand: Swahili – ostafrikanische Sprache, hauptsächlich gesprochen in Tansania, Kenia und Uganda. Ich war sprachlos. War dies eine weitere Führung Gottes?

Es sollte noch spannender kommen. Wohl kaum einer wird sich an das Wetter vom 6. Januar 1987 erinnern können. Ein nasskalter Wintertag. Eisiger Wind schlug mir ins Gesicht. Überfrierende Nässe auf den Straßen. Ich versuchte, mit meinem Moped auf spiegelglatter Straße die Balance zu halten. Wer ist schon bei solch einem Wetter mit dem Moped unterwegs! Ich wäre auch zu Hause geblieben, aber ich wusste, Gott wollte mir an diesem Abend etwas sagen. Am Morgen, als ich meine Bibel las und betete, hörte ich Gottes Stimme in meinem Herzen: »Kathleen, ich möchte, dass du heute zum Gemeindeabend gehst.« – »Herr, muss das sein?«, stöhnte ich. Ich wusste, unser Pastor würde irgendeinen alten schwarz-weißen Dia-Filmstreifen über Mission zeigen. Bestimmt hatte ich den Film schon einige Male gesehen. Zu DDR-Zeiten war es nicht einfach, aktuelle Anliegen aus der Mission zu bekommen, ganz zu schweigen von einer Diaserie oder dem Bericht eines Missionars. Weltmission hatte für mich immer etwas Altes, Verstaubtes an sich. So zog ich los, mehr unfreiwillig als fröhlich motiviert.

Unser Pfarrer betrat den Gemeindesaal mit einem Gast, einem Missionar aus Tansania. Mir wurde plötzlich furchtbar heiß. Afrika, Sandstrände, wilde Tiere, Swahili – glasklar standen die Bilder des Traums wieder vor meinen Augen. Wie Puzzleteile fügte sich eins zum anderen.

Bis auf meine Jugendleiterin und eine gute Freundin wusste keiner von diesen Erlebnissen. Es hätte mir ja sowieso keiner geglaubt.

Anstatt nach Afrika zu gehen, besuchte ich zunächst eine Bibelschule, um mich als Gemeindehelferin ausbilden zu lassen. In meinem letzten Bibelschuljahr fiel dann die Mauer in Berlin. Plötzlich war der Weg in die Mission frei. Doch statt Jubel packte mich die Angst. Es war schön, von Afrika zu träumen, solange die Mauer stand. Aber jetzt? Es gab keine Ausrede mehr. Was sollte ich tun? Vielleicht war es möglich, von zu Hause aus Weltmissionsarbeit zu tun.

Auf einem Seminar ging es wieder um Weltmission. Jede Teilnehmerin erhielt ein Spruchkärtchen. Mein Spruch gab die letzte passende Antwort auf all meine Fragen und Ängste, die mich in dieser Woche bewegt hatten. »Gottes Gaben und Berufung können ihn nicht gereuen« (Röm 11,29). Ich lieferte mich Gott ganz neu aus und sagte ihm: »Deine Wege sind gut und vollkommen, Vater. Wenn das dein Wille für mein Leben ist, dann bin ich bereit zu gehen.«

Seit meiner Ankunft in Tansania 1995 gab es keine Minute, wo ich an Gottes Berufung gezweifelt habe. Aber es sind nicht die weißen Sandstrände und Palmen, die mich begeistern. Es sind die Menschen. Was mich zutiefst bewegt, ist das Elend der vielen Straßenkinder. Für sie da zu sein, ihnen Hoffnung und Zukunft in Jesus zu geben, gehört zu meinen schönsten Aufgaben in diesem Land. Ich weiß, hier ist Gottes Platz für mich, und es gibt keinen Ort in der Welt, an dem ich lieber wäre.

Kathleen Quellmalz
Straßenkinder in Tansania erhalten durch
ihren Dienst Hilfe an Leib und Seele.

Vom Profi-Boxer zum Missionar

wie Peter Hoffmann (Kosovo) seine Berufung erlebte

In einem kleinen Ort im Südural kam er 1953 auf die Welt. Peter nannten ihn seine Eltern. Sie waren Christen. Wegen ihres Glaubens hatte das Regime alle Russlanddeutschen aus der Ukraine ans äußerste Ende Osteuropas vertrieben. Peter wuchs auf dem Land auf und erlebte eine unbeschwerte Kindheit. Oft ritt er zu Pferd in die Steppe hinaus.

Eines Tages kündigte man seinem Vater die Arbeitsstelle. Man hielt nicht viel von bekennenden Christen in diesem Land. So zogen Peters Eltern nach Brlik, einem kleinen Ort in Kasachstan am Rande der Tschu-Wüste. Hier lebten viele auf Bewährung freigelassene Häftlinge. Der Umgang mit diesen hartgesottenen Burschen übte einen schlechten Einfluss auf den Teenager Peter aus. Es machte ihm einen Riesenspaß, sich mit andern zu prügeln.

Vater Hoffmann sah die Entwicklung seines Sohnes mit zunehmender Besorgnis. Gab es eine Perspektive auf ein normales Leben für seinen Sohn? Ein neuer Umzug nach Estland stand an. Peter begann in Riga eine Ausbildung zum Elektriker. Gleichzeitig übte er sich in der staatlichen Sportvereinigung im Boxen. Er hatte Talent und entwickelte sich schnell zum Profi. Aber es gab ein Hindernis auf diesem Weg: Ein Boxer durfte sich nicht in der Freizeit prügeln. Einmal in einer Disco trat Hoffmann beim Tanzen versehentlich jemandem auf die

Füße. Beim zweiten Mal schlug der andere zu. Innerhalb kürzester Zeit war in der Disco die Hölle los. Möbel flogen durch die Luft. Verletzte wälzten sich auf dem Boden. Hoffmann wurde für zwei Jahre vom Boxsport disqualifiziert.

Nach einer weiteren Schlägerei landete er mehrere Wochen im Gefängnis. Als es zum dritten Mal zu einer Schlägerei kam, stellte die Polizei ihn vor die Wahl: entweder Militärdienst oder zwei Jahre Gefängnis. Peter Hoffmann entschied sich, zum Militär zu gehen. Nach Beendigung seiner Militärzeit geschah etwas, das zum Schönsten in seinem Leben gehört. Er lernte Maria kennen, ein Mädchen von ansteckender Fröhlichkeit und ungewöhnlichem Temperament. Sie wurde seine Frau und schenkte ihm einen Sohn Sascha.

Doch schon bald wurde das Familienglück tief erschüttert. In einem herrlichen Urlaub in Königsberg wurde Peter Hoffmann erneut in eine Schlägerei verwickelt. Er erlitt drei Rippenbrüche und einen vier Zentimeter tiefen Messerstich in die Seite. Sein Freund Leonid (22) starb an sieben Messerstichen.

Vom Krankenhaus kam Peter Hoffmann in Untersuchungshaft. Nach eineinhalb Jahren wurde er wieder entlassen. Mit seiner Familie siedelte er nach Deutschland um. Er sehnte sich danach, ein neues Leben zu beginnen. Doch auch Deutschland war nicht das Paradies. Der zunehmende Alkoholgenuss führte zur schlimmsten Ehekrise, die Peter und Maria Hoffmann je erlebt hatten. Wochenlang sprachen sie nicht mehr miteinander. Eines Morgens spazierte er durch die Innenstadt ihres neuen Wohnortes Andernach an einem großen, modernen Gebäude vorbei. Es war das Gemeindehaus der Evangelisch-Freikirchlichen Gemeinde, wie sich später herausstellte. Aus Neugier schlenderte er hinein. Man hielt gerade Gottesdienst. Der Pastor predigte vom »Versager Petrus«. Peter Hoffmann horchte auf. Petrus? Das war ja sein Name. *»Du bist Petrus, auf diesen Felsen will ich meine Gemeinde bauen« (Mt 16,18)*, fuhr der Pastor fort. Dieser Satz traf Peter Hoffmann zutiefst. Er wusste: »Damit bin ich gemeint!« Noch am selben Morgen schenkte er Jesus sein Leben.

Heute bekennt er: »Ich verstand einfach, Jesus will mich ganz! Er liebt mich mit all meinem Versagen und meiner Schuld. So wie ich bin. Er schenkt mir volle Vergebung. Vom nächsten Tag an war ich Missionar. Ich erzählte allen Freunden und Kollegen, dass Jesus heute noch lebt und dass man ihn kennen lernen kann.«

Die Hinwendung zu Jesus hatte radikale Folgen für das Leben von Peter Hoffmann und seiner Familie. Maria wurde wenig später ebenfalls Christin und vergab ihrem Mann.

Um mehr von Gott und seinem Wort, der Bibel, zu erfahren, begannen sie eine theologische Ausbildung. Heute stehen sie im Missionsdienst im Kosovo, um Menschen, die durch unsagbar viel Leid gegangen sind, an Leib und Seele zu helfen.

Theo Volland

Treu – mehr als ein Wort

Treu – ohne dieses Wort stünde ich heute nicht im Missionsdienst in Italien. Nicht meine Treue hat mich dahin gebracht – nein, darauf kann ich mich nicht verlassen – sondern Gottes Treue.

Das »T« im Wort TREU steht für »tragen«. Gott hat mich bis heute getragen. Durch schöne und durch schwere Stunden. Als Kind war ich so schüchtern, dass ich auf dem Schulhof kaum wagte, jemandem in die Augen zu schauen. Nur weil Gott in seiner Treue mir geholfen und mich getragen hat, kann ich heute Menschen in Italien die frohe Botschaft von Jesus Christus sagen.

Das »R« steht für Gottes »Reden«. Leider gab es in der lutherischen Diaspora-Gemeinde in Genua, wo ich geboren und aufgewachsen bin, nur alle zwei Wochen Gottesdienste. Der Religionsunterricht für uns kleine Schar evangelischer Schüler war zugleich Konfirmandenunterricht. Gelernt habe ich nur wenig über den christlichen Glauben, und Gott kannte ich nur von ferne.

Auf einer Freizeit in England begegnete ich Gott auf ganz besondere Weise. Ich war gerade 18 Jahre alt. Gott redete zu mir durch sein Wort, ganz persönlich, und ich verstand ihn. Auf vielen Seiten der Bibel sprach er von seiner Liebe zu mir. Auf einmal wusste ich: Gott hat dich unendlich lieb. Du bist wertvoll in seinen Augen. Er möchte dir all deine Schuld vergeben, all deine Unzulänglichkeiten, dein negatives Handeln und Denken. So vertraute ich dem, der mich so liebt, mein Leben an.

Damit erhielt mein Leben eine neue Richtung und ein neues Ziel.

Verändert ging ich zurück zur Schule, verändert auch zum gehassten Zahnarzttermin. Während mich sonst schon Tage vor der Behandlung die Angst packte, saß ich jetzt gelassen im Wartezimmer, las oder lernte für die Schule. Ich wusste, Gott ist da. Anders packte ich manche schwierigen Situationen in meinem Leben an. Wenn Gott ins Leben kommt, verändert sich etwas.

Ein anderes Mal sprach Gott auf einem »Love Europe«-Kongress zu mir. Luis Palau war der Redner des Abends. Es war heiß. Ich hatte mich im Schatten eines Baumes ausgeruht. So kam ich zu spät zur Veranstaltung, und es gab keine Plätze mehr in der Halle. Ich musste in einem Nebenraum die Predigt über Leinwand verfolgen. Im Stillen wünschte ich mir, der Abend würde bald vorüber sein, und ich könnte ins Bett gehen und schlafen. Doch so ungemütlich die äußere Atmosphäre in der Übertragungshalle und wie unmotiviert meine Haltung auch war, plötzlich vergaß ich alles um mich herum, und ich hatte den Eindruck, Gott sprach nur noch mich an. Von dem ganzen Abend sind mir zwei Worte bis heute in Erinnerung geblieben: »Mission« – »Italien«. Wenn Gott redet, geschieht etwas in unserem Leben.

Das »E« steht für »Einzelne«. Faszinierend, wie Gott sich um den Einzelnen kümmert. Gott hat in seiner Treue einzelne gläubige Menschen in mein Leben gestellt, die mir halfen, meinen Glauben zu vertiefen. Während meiner Ausbildung zur Logopädin in Turin begegnete mir eine Kollegin, die mir von Bibelschulen und Mission erzählte. Täglich beteten wir gemeinsam, und ich lernte von ihr, wie man eine lebendige, alltagsbezogene Beziehung zu Gott erleben und pflegen kann. Gott sieht den Einzelnen. Er sah auch mich.

»U« steht für »unsicher«. Was ist sicher im Leben? Kann ich wirklich sicher sein, dass Gott mich als Missionarin in Italien haben will? Acht Jahre sind vergangen, seit Gott mich in seinen Dienst gerufen hat. Meine Aufgabe in Italien an Kindern und Erwachsenen macht mir viel Freude. Gott hat mich in großer Treue sicher geführt und versorgt. Immer neu muss ich lernen, nicht auf mich zu sehen, sondern auf den Einen, der bis heute so treu in mein Leben hineingewirkt und viele meiner Unsicherheiten mit seinem »Ich-bin-bei-dir« begleitet hat. Der sicherste Platz ist immer der, an den Gott uns stellt.

Treu – mehr als ein Wort. *»Sind wir untreu, so bleibt er doch treu«* (2. Tim 2, 13a).

Susanne Stoehr
ist Mitarbeiterin der christlichen Radiostation in Macherio/Norditalien.

Immer wieder überrascht von Gott

Gott hat für jeden von uns ein Ziel, die Gemeinschaft mit Jesus in Zeit und Ewigkeit. Aber auf dem Weg dahin setzt er uns auch kleine Zwischenziele. Viel hängt nun davon ab, dass wir diese Ziele wahrnehmen, dann aber auch nötige Kursänderungen erlauben. Das ist möglich, denn »Gott ist es, der in euch wirkt beides, das Wollen und das Vollbringen, nach seinem Wohlgefallen« (Phil 2, 13).

Zwölf Jahre hatten wir in Johannesburg, Südafrika, unter farbigen Jugendlichen gearbeitet. Eine abenteuerliche Zeit! Gott war am Wirken. In Jugendlagern erreichten wir junge Leute, die nie eine Kirche besucht hatten, darunter viele raue Kerle, manche auch Gangster oder Verbrecher. Nach Tauchabenteuern am Korallenriff, Bergsteigen, dem Abseilen oder den Abenteuern in der echten afrikanischen Wildnis, fanden wir oftmals mehr Offenheit für das Evangelium als im Klassenzimmer oder dem Teenager-Club. Geistliches Wachstum, das uns tief rührte, wurde in den wöchentlichen Abendbibelstunden gefördert. Die Türen waren überall geöffnet. Jeder kannte die ›Bible Band‹. Sicher lief nicht alles problemlos. Von der Konfrontation mit okkulten Phänomenen und kritischen Krankheitsfällen bis hin zur totalen Überarbeitung erlebten wir das ganze Spektrum der Angriffe des Widersachers. Aber es war eine Zeit des Aufbruchs, wie wir sie uns alle ersehnten.

Doch dann bekam meine Frau Hannelore schlimme Asthmabeschwerden. Ein Anfall konnte lange anhalten und sie völlig lahm legen. Wir vermuteten wieder einen Angriff des Widersachers und beteten um Heilung.

Doch diese kam nicht. Schließlich fragten wir uns, ob Gott etwas anderes mit uns vor hatte. Wir erwogen einen Ortswechsel, und das Asthma hörte zunächst auf. Aber dann meldete sich eine Rückfrage: Sollen wir wirklich die uns ganz erfüllende Arbeit verlassen, wo es Hannelore doch wieder gut ging? Dieses Zögern hatte die schlimmste Attacke zur Folge, die sie jemals hatte. Das entschied unseren Weg: »Herr, wir wollen gehen, wenn du uns führst!« Danach gab es keinen Asthmaanfall mehr. Doch wohin?

Ein langjähriger Wegbegleiter und Freund riet uns, nach Kapstadt zu gehen. Kapstadt, wo es so viele Christen gibt. Was sollten wir da? Wasser ins Meer kippen? Die nächste Frage lautete: »Was ist die Gabe, die ihr am besten einsetzen könntet?« Nun, das war nicht schwer zu beantworten: lehren. Und wer soll nach der Bibel gelehrt werden? Die Gläubigen!

Das brachte uns zu einem Kurzbesuch nach Kapstadt. Bei der Erkundungsfahrt kamen wir in einen Stadtteil nahe der Innenstadt. »In diesem Gebiet wohnt kein einziger Christ, nur Muslime«, erklärte unser Führer. Das traf uns! Wir erfuhren, dass es in Kapstadt etwa 200 000 »Kapmalayen« gibt, deren Vorfahren als politische Gegner und Sklaven von den Holländern hier angesiedelt wurden.

Eine klare Weisung von Gott her konnten wir allerdings darin noch nicht sehen. Nicht jede Möglichkeit ist eine Berufung! Es gab auch noch andere offene Türen, auf Mauritius, in Nairobi und auch in Deutschland. Ohne Klarheit über unseren zukünftigen Weg packten wir unsere Koffer und gingen zunächst zur Deutschen Missionsgemeinschaft.

Auf einem Jugendmissionstag geschah es dann. Wir erzählten von unserer bisherigen Jugendarbeit und nannten dabei einige Namen, darunter auch islamische. Als der Missionsarzt Lionel Gurney (Missionsmannschaft Rotes Meer), der ein weites Herz für die Mission unter Muslimen hatte, die islamischen Namen hörte, sprach er uns an, ob wir unter Muslimen arbeiten würden. Nein, das nicht, aber wir hatten schon Kontakte zu einigen, und etliche waren auch zum Glauben an Jesus Christus gekommen. Wie aus der Pistole geschossen kamen seine Worte: »Dann muss ich euch sagen, dass die Christen in England seit 60 Jahren dafür beten, dass ein Missionar nach Kapstadt gehen soll, um dort unter den Muslimen zu arbeiten.« Das war der letzte Anstoß, der uns klar machte, dass es sich hier um Gottes Ruf handelte.

Kurze Zeit später kamen wir in Kapstadt an. Wir merkten bald, dass interreligiöse Kommunikation zunächst einmal Hinhören beinhaltet. Um von Muslimen verstanden zu werden, mussten wir uns in die Denk- und Verstehensweise der Muslime einfühlen. Wir studierten den Koran und die islamischen Traditionen, die für jeden Muslimen eine zentrale Rolle spielen. Dabei knüpften wir viele Kontakte mit Muslimen.

Doch wie konnten wir die 200 000 Muslime in dieser Stadt mit dem Evangelium erreichen? Unmöglich, auf eine so große Anzahl mit zwei oder auch zwanzig Missionaren zuzugehen. So blieb uns nur ein Weg: die Christen in dieser Stadt zu mobilisieren, motivieren und zuzurüsten, ihre muslimischen Nachbarn und Freunde mit Jesus Christus bekannt zu machen. Dazu brauchte es Schulungsmaterial für einsatzwillige Christen und ansprechende evangelistische Literatur, die das islamische Denken berücksichtigt.

Durch unsere Publikationen kamen bald Einladungen, Schulungsseminare in anderen afrikanischen Ländern zu halten. Gott schenkte mehr Mitarbeiter und Schulungszentren von »Life Challenge Africa« (Herausforderung Leben für Afrika), wie wir die neue Arbeit nannten. Neben Kapstadt für das südliche Afrika und Nairobi für Ostafrika entsteht jetzt ein Schulungszentrum in Abidjan für Westafrika.

Die erstellten Materialien sind auf CD-ROM und Schulungsvideos für Missionare und Pastoren erhältlich.

Wir glauben und erwarten, dass durch diese volksmissionarische Arbeitsweise viele Christen herausgefordert und zugerüstet werden, um Muslime überall in Afrika mit dem Evangelium zu erreichen.

Wie viel Grund haben wir doch, dankbar zu sein, dass wir teilhaben können am Wirken Gottes. Er schenkt das Wollen und das Vollbringen, aber von uns erwartet er, dass wir ihm unsere geringen Mittel zur Verfügung stellen, wie der Junge bei der Speisung der Fünftausend Jesus seine zwei Brote und fünf Fische gab (Joh 6,9).

Wesentlich ist, auf Gott zu hören und zu verstehen, wo und wie er uns gebrauchen will. Von ganzem Herzen wollen wir ihm sagen: »Herr, hier bin ich! Rede, denn dein Knecht hört!«

Gerhard und Hannelore Nehls
arbeiten überregional in der Schulung
afrikanischer Christen
für Moslemmission.

Moschee Foto: Dr. D. Blöcher

Gottes Wege erkennt man oft erst dadurch richtig, indem man anfängt, sie zu gehen

P. Hahne

7.

Das Leben entdecken

»Ich bin gekommen, damit sie das Leben und volle Genüge haben sollen« (Johannes 10, 10).

Das Lob bewahrt mein Herz

Oh Herr, wie wunderbar sind deine Werke in mir,
du tust Dinge durch mich,
von denen ich nie geträumt hätte.
Ein Loblied kommt in meinem Herzen auf.

Oh Vater, wie groß ist deine Barmherzigkeit,
deine Treue. Und ich lerne,
mich an deiner unendlichen Liebe zu erfreuen.
Das Loblied erfüllt mein Herz.

Oh Gott, wie unverständlich sind deine
Offenbarungen für mich. Schritt für Schritt,
an jedem Tag, leitest du mein Leben.
Das Loblied bewahrt mein Herz.

Amrei Wehmeyer
steht in der Gemeindegründungsarbeit in Portugal.

Mit Nussecken fing's an

Vor einiger Zeit hielt ein Krankenwagen vor unserem Nachbarhaus. Ein 19-jähriges Mädchen wurde mit Blaulicht abtransportiert. Moni hatte sich die Pulsadern geöffnet. Erst seit wenigen Wochen wohnte sie in unserer Nachbarschaft. Wir hatten sie einige Male gesehen. Ein näherer Kontakt war nicht zustande gekommen. Dieses Ereignis in so unmittelbarer Umgebung erschreckte uns sehr. Da will eine junge Frau ihr Leben einfach wegwerfen! Und wir wohnen Haus an Haus mit ihr und hätten ihr vielleicht neuen Lebensmut geben können.

Nach einiger Zeit wurde Moni aus dem Krankenhaus entlassen. Eine Frau, die hin und wieder unsere Gemeinde besucht, hatte Kontakt zu ihr. Von dieser Frau erfuhren wir, dass Moni gerne Nussecken mag. So backten wir Nussecken, füllten sie in eine Tüte und legten sie zusammen mit einer Grußkarte vor Monis Haustür. Am nächsten Tag winkte Moni uns von ihrem Fenster aus zu und bedankte sich für die Aufmerksamkeit. »Komm doch mal rüber zum Kaffee«, rief Elke zurück, »es gibt auch wieder Nussecken.« Gleich wurde von Fenster zu Fenster ein Termin ausgemacht. Im Laufe unseres Gesprächs am Kaffeetisch spürten wir Monis Sehnsucht nach einem beständigen Halt im Leben. Wir sagten, dass Gott dieser Halt in ihrem Leben sein will. Es bewegte sie tief, als wir ihr erklärten, wie einzigartig sie in Gottes Augen ist. Wir veranschaulichten ihr, wie sie ihr Leben Gott anvertrauen kann. Dann verloren wir Moni für einige Monate aus den Augen.

Als wir sie wieder trafen, war sie schwanger. Unsere erste Sorge: Wird sie das Baby behalten wollen oder als unwillkommenen Eindringling in ihr Leben betrachten und einfach »wegmachen« lassen? Moni entschied sich für das Baby.

Neulich trafen wir sie auf der Straße. Stolz schob sie ihren Kinderwagen. Auf die Frage, wie es ihr ginge, meinte sie: »Wirklich gut, Gott hat mir dieses Baby geschenkt und eine sinnvolle Zukunft. Seit unserem Nussecken-Kaffee-Gespräch weiß ich, dass Gott bei mir ist.«

Moni ist uns ein Beispiel für die verändernde Macht und die heilende Liebe Gottes. Wir beten, dass sie in unserer Gemeinde eine Heimat findet, in der sie Gottes Reichtum für ihr Leben immer umfassender kennen lernt.

Ralf und Elke Blumenstein
sind Missionare in der Gemeindeaufbau-Arbeit in Österreich.

Ich wollte meine Schwester töten

Hoffnungslos war mein Leben. Trostlos. Würde sich jemals etwas daran ändern? 13 Jahre verbrachte ich in einem Kinderheim. Oft dachte ich darüber nach, wozu ich eigentlich lebe und weshalb ausgerechnet ich unter solchen Umständen leben musste. Wegen jeder Kleinigkeit wurde ich geschlagen und zurechtgewiesen, ohne dass ich mich wehren konnte. Ich beobachtete, wie manche Kinder im Heim anfingen zu stottern und sich seltsam zu benehmen. »Wie komme ich hier bloß heraus?«, dachte ich resigniert. Ich war wütend und hilflos. In der Schule musste ich feststellen, dass wir Heimkinder von unseren Klassenkameraden abgelehnt wurden. Wir waren eben anders, unser Verhalten, unser Umgangston. Oft sehnte ich mich nach meinen Eltern und wünschte mir, dass sie doch kämen und mich aus diesem Elend befreiten.

Endlich schien eine Veränderung in Sicht. Eine Familie erklärte sich bereit, mich bei sich aufzunehmen. Ich schöpfte wieder Hoffnung und erwartete von ihnen, dass sie mir einen Sinn in meinem Leben und Freude gaben. Aber bald war die Beziehung zwischen uns zerstört, weil ich nicht ihre Erwartungen erfüllte und sie nicht meine. Wir fingen an, uns zu hassen. Alle meine Wünsche zerplatzten wie Seifenblasen. Deshalb fühlte ich mich in meiner alten Auffassung bestätigt, dass das menschliche Leben überhaupt keinen Sinn hat. Es gibt nur Leid und Elend. Fortwährend dachte ich an Selbstmord und Flucht.

Als ich gerade ein halbes Jahr bei den Pflegeeltern lebte, kamen meine Mutter und mein Stiefvater, um mich zu sich zu holen. Ich war erstaunt und erfreut zugleich und schöpfte neue Hoffnung. Meine Eltern waren sehr freundlich zu mir. Auch meine Schwester lernte ich kennen. Zuerst verstanden wir uns ganz gut. Aber ich fühlte mich, je mehr ich meine Familie kennen lernte, einsam und unverstanden. Sobald ich mit ihnen über den Sinn des Lebens oder über meine Vergangenheit reden wollte, brachen sie das Gespräch ab. Von da ab war mir klar: Mein Leben hat keinen Sinn. Nur zu arbeiten, um Geld zu verdienen, Vergnügen zu suchen und eine Familie zu gründen, das war zu wenig. Ich suchte bei Freunden Hilfe, aber auch sie verstanden mich nicht. In meiner Verzweiflung hasste ich mich selbst, meine Eltern, meine Schwester und die Gesellschaft. Ich unternahm mehrere Selbstmordversuche und lief öfters von zu Hause weg, um vor mir, meinen Eltern und dem Elend zu flüchten. Die Polizei griff mich auf und brachte mich wieder nach Hause. Einige Psychologen interessierten sich auf einmal für mich, aber niemand konnte mir helfen. Auf meine Frage nach dem Sinn des Lebens erhielt ich immer zur Antwort: »Das Leben ist doch schön. Mach etwas daraus, arbeite und kaufe dir, was du möchtest. Gründe eine Familie und genieße das Leben.« Außerdem trage schließlich die Gesellschaft Schuld an meinem Verhalten. Ich bekam Beruhigungstabletten, die mich von meinen Selbstmordgedanken abbringen und psychisch aufbauen sollten. Trotzdem blieb ich allein mit meiner Frage: Wozu existiere ich überhaupt?

Daraus schloss ich, dass es keine Antwort auf meine Frage gab und folgerte: Wenn schon mein Leben keinen Sinn hat, brauche ich auch nichts Sinnvolles zu tun. Wenn die Gesellschaft schuld an meinem Dilemma ist, will ich mich an ihr rächen. So überlegte ich, zuerst meine Familie auszurotten und danach anderen Menschen Leid anzutun. Mit 16 Jahren versuchte ich, meine Schwester umzubringen. Daraufhin kam ich in ein Landeskrankenhaus und wurde von vielen Psychiatern und Psychologen untersucht. Ich wurde mit Beruhigungstabletten vollgepumpt und musste ihnen immer wieder erklären, dass ich diese Tat aus dem Gefühl der Sinnlosigkeit und dem Hass heraus getan hatte. Alle Gespräche aber verliefen unbefriedigend. Die Ärzte konnten mir keine Hoffnung vermitteln.

Nach anderthalb Jahren Psychiatrieaufenthalt wurde ich dann zu zweieinhalb Jahren Gefängnis verurteilt. Mir wurde immer bewusster, dass der Mensch keine Hoffnung hat. Die einzige Lösung für das Elend dieser Welt ist der Selbstmord oder die Ausrottung der gesamten Menschheit. Bei diesem Gedanken fühlte ich mich frei und mächtig, aber auch zugleich arm, elend und verzweifelt. Schon allein der Gedanke, dass ich einmal das Gefängnis verlassen würde und zurückginge in diese hoffnungslose Welt, erschreckte mich. Anderen ging es auch nicht besser. Hin und wieder erhängte sich jemand aus Verzweiflung. In meinem Frust suchte ich Kontakt zu Rauschgiftsüchtigen in der Absicht, mir mit Rauschgift das Leben zu nehmen.

Nach neun Monaten Gefängnis erklärte sich eine Gruppe von Christen (Gefährdetenhilfe Scheideweg e.V.) bereit, mich aufzunehmen. Sie vermittelten mir eine Familie und eine Ausbildungsstelle als Großhandelskaufmann. Regelmäßig besuchte ich Bibelstunden und Gottesdienste sowie Sport- und Freizeitangebote. Mit Gott und der Bibel wollte ich aber nichts zu tun haben. Gott war mir fremd. Ich konnte mir nicht vorstellen, dass er mächtig genug sei, um mein Leben zu verändern. Deshalb spottete ich oft über ihren Glauben und über ihre Bemühungen, mir Jesus Christus nahe zu bringen. Gleichzeitig bewunderte ich die Geduld, Ausdauer und den Erfindungsreichtum der Christen, mir die Hoffnung der guten Botschaft zu vermitteln. Selbst die Familie, bei der ich wohnte, zeigte viel Verständnis für meine Eigenarten und meine Denkweise. Dieses Verhalten der Christen überzeugte mich schließlich von der Wahrheit der biblischen Botschaft.

Eines Abends, in meinem Zimmer, betete ich zu Gott und bat ihn, mir meine Schuld zu vergeben und mir neues Leben zu schenken. Ich war entschlossen, wenn Gott nicht mein Leben veränderte und mir Freude, Frieden und Hoffnung gäbe, dann würde ich die Gruppe verlassen, meinen Beruf aufgeben und noch radikaler werden als vorher.

Doch Gott griff ein. Er erhörte meinen Hilfeschrei. Ein paar Tage später, als ich zur Arbeit fuhr, verspürte ich eine Freude und einen Frieden, die ich vorher nie gekannt hatte. Kurze Zeit später schenkte mir jemand eine Bibel. Sofort begann ich darin zu lesen. Plötzlich sprach mich das Wort Gottes an.

Mit der Zeit veränderte sich meine Einstellung zum Leben. Ich bat meine Schwester und meine Eltern um Vergebung. Alle meine Schwierigkeiten legte ich Gott hin und fühlte mich in ihm geborgen.

Schon bald verspürte ich den Wunsch, Gottes Wort weiterzusagen. Noch während meiner Ausbildungszeit fuhr ich in das Gefängnis, um zu berichten, wie Jesus mein Leben verändert hatte. Nach meiner Berufsausbildung besuchte ich eine Bibelschule. Ich wollte Gottes Wort näher kennen lernen, damit ich es noch verständlicher weitergeben konnte. Dort lernte ich auch meine Frau kennen. Zusammen dürfen wir Gemeinde Jesu in Österreich bauen.

Jesus hat mein Leben neu geordnet und mir Frieden, Freude und ewiges Leben geschenkt. Darum möchte ich dieses Leben ganz für ihn einsetzen, mit all meiner Kraft, meiner Zeit, meiner Liebe.

Uwe und Henriette Neumann
stehen im Gemeindebau in Österreich.

Es ist nicht auszudenken,
was Gott aus den Bruchstücken
unseres Lebens machen kann,
wenn wir sie ihm ganz überlassen.

B. Pascal

Zwischen Tod und Leben

Als ich am Morgen des 7. September 1963 aufstand, wusste ich nicht, dass dieser Tag mein Leben von Grund auf verändern würde. Ich arbeitete in meinem Labor an einem Projekt mit bestimmten Gasen. Plötzlich spürte ich starke Kopfschmerzen. Mein Schädel schien zu platzen. Es gelang mir, einen Termin beim Betriebsarzt zu bekommen. »Gehen Sie nach Hause. Ruhen Sie sich aus«, meinte der Arzt. Ich befolgte seinen Rat.

Zwei Tage später fiel ich beim Aufstehen vor meinem Bett zu Boden. Was war mit meinen Beinen los? Irgendwie gelang es mir, mich zu meinem Kollegen ins nächste Zimmer zu schleppen. Sofort brachte er mich zum Arzt, der mich in ein Krankenhaus in Bombay einwies. Die Lähmung breitete sich aus, von den Beinen bis in den ganzen Körper. Panische Angst erfüllte mich. Die Atmung ging schwer. Ich hatte das Gefühl, ersticken zu müssen. Als ich kaum noch atmen konnte, überwiesen mich die Ärzte in ein anderes Krankenhaus in Bombay, wo man einen Luftröhrenschnitt durchführte. Dann schloss man mich an ein Beatmungsgerät an.

Verzweiflung packte mich. Ich sah die Ratlosigkeit auf den Gesichtern der Ärzte. Keiner konnte die Ursache diagnostizieren. Niemand schien zu wissen, was zu tun war. Mit jeder Stunde sank mein Mut. Gab es überhaupt eine Zukunft für mich? Ich konnte nur noch im Bett liegen, andere gaben mir das Essen, wuschen mich, betteten mich. Ich war nicht einmal imstande, die Augen zu schließen oder meinen Kopf zu drehen.

Völlig hilflos lag ich da, ohne Nutzen für irgendjemanden, nur eine Last für andere. Wie konnte mir das passieren? Mir, einem gebildeten Hindu der hohen Brahmanen-Kaste! Ich kochte vor Wut und musste doch all meine Gedanken für mich behalten, weil ich nicht einmal reden konnte. Meine Religion, über die ich immer wieder nachdachte, war mir in diesen Stunden keine Hilfe.

Meine Arbeitskollegen versuchten mir beizustehen. Aber auch sie waren bestürzt, wenn sie mich völlig regungslos in meinem Bett liegen sahen. Sie brachten mir Bücher und Zeitschriften.

24 Stunden am Tag hatte ich jemanden an meiner Seite, der mir diese Bücher und Zeitschriften über dem Kopf hielt, wenn ich lesen wollte. Zumindest für kurze Zeit. Nach fünf bis zehn Minuten ermüdeten meine Augen, und ich musste die Bücher wieder auf die Seite legen lassen.

Eines Tages kam eine Krankenschwester in mein Zimmer und brachte mir ein Neues Testament. Sie sagte mir, es sei das heilige Buch der Christen. Dann verschwand sie wieder. Aber bevor sie ging, versprach sie, für mich zu beten. Ich war neugierig geworden und bat den Mann, der neben mir saß, mir das Buch hochzuhalten. Da, wo er es gerade öffnete, las ich ein paar Verse, bis ich wieder ausruhen musste. Ich dachte viel über Jesus Christus nach. Als Wissenschaftler war ich es gewohnt, alle Erkenntnisse durch ein Experiment zu beweisen. Welches Experiment könnte zeigen, ob Jesus noch lebte?

Nach 35 Tagen versuchten die Ärzte, das Beatmungsgerät zu entfernen. Anfangs schalteten sie es nur für sehr kurze Zeit ab, aber allmählich erhöhten sie die Zeitspannen. Bei jedem Versuch hatte ich große Angst! Schließlich konnte ich wieder selbstständig atmen. Wenigstens ein kleiner Fortschritt!

Einmal besuchte mich ein Fremder. Er stellte sich als christlicher Missionar aus England vor. Alan war sein Name. Er war ebenfalls Wissenschaftler und arbeitete bei einem internationalen Unternehmen der Fotobranche. Seine Frau besuchte die Gebetstreffen der christlichen Krankenschwestern des Krankenhauses und hatte ihm von mir erzählt. Ich konnte zu diesem Zeitpunkt bereits flüstern, denn die Wunde an meinem Kehlkopf war verheilt, und so unterhielten wir uns. Er erklärte mir alles über Jesus Christus, den Sohn Gottes, der sein Leben für unsere Sünden gegeben hat. Als Alan aufstand, um zu gehen, fragte er: »Kann ich irgendetwas für Sie tun?« Ich antwortete: »Ja, können Sie mir bitte sagen, wie ich beweisen kann, dass es Jesus tatsächlich gibt?« Er meinte: »Gott kann man nicht beweisen. Er will erfahren werden. Bitten Sie Gott, sich Ihnen zu offenbaren. Vertrauen Sie ihm Ihr Leben an. Bekennen Sie Gott Ihre Schuld und danken Sie ihm, dass er Jesus auf die Erde gesandt hat, um für unsere Sünden zu sterben.«

Dann half mir Alan bei diesem Gebet. Kaum hatte ich es zu Ende gesprochen, verspürte ich einen ungeheuren Frieden – wäre es mir möglich gewesen, meine Hand zu bewegen – hätte ich ihn greifen können. Ich war ein neuer Mensch geworden. Das wusste ich in meinem Herzen, auch ohne Beweise.

Nun fiel es mir leichter, die Bibel zu lesen. Gott schenkte mir immer wieder neue Erkenntnisse, als ich die Bibel ein ums andere Mal durchlas. Manchmal träumte ich davon, dass Gott mich vielleicht in seinem Dienst gebrauchen könnte, doch was sollte ein hilfloses Geschöpf wie ich für ihn tun?

Eines Tages bekam ich eine neue Krankenschwester, Vijaya. Sie war kurze Zeit nach mir ebenfalls Christ geworden. Wir sprachen miteinander über die guten Dinge, die Gott uns beide lehrte, und wurden dabei Freunde. Bald entdeckte ich, dass ich mich in dieses reizende Mädchen verliebt hatte. Als sie eine neue Stelle in einem anderen Krankenhaus in Bombay antrat, besuchte sie mich weiterhin. Schließlich fasste ich mir ein Herz und fragte sie, ob sie mich heiraten wollte. Zu meiner großen Freude stimmte sie zu.

Nach sieben Jahren in verschiedenen Krankenhäusern Bombays überwiesen mich die Ärzte in das Königliche Rehabilitationszentrum Perth in Australien. Ich freute mich sehr, aber war natürlich traurig, Vijaya zurücklassen zu müssen. Es tröstete mich zu wissen, dass wir verlobt waren.

Ich erhielt ein intensives Rehabilitationsprogramm, und nach acht Monaten konnte ich meine Hände und Arme bis zu einem gewissen Grad bewegen, so weit, dass ich in der Lage war, selbstständig den Rollstuhl zu fahren und später sogar ein Auto.

Im Rehabilitationszentrum lernte ich einen jungen Christen kennen, der die Bibelschule besuchen wollte. Wie sehr wünschte ich mir das, aber als Behinderter? Immer wieder kam ich an Grenzen. Ein entmutigendes Gefühl! Jeder Tag stellte mir neue Lektionen, die ich lernen musste. Nie hätte ich gedacht, dass es so schwer ist, mit Grenzen zu leben und trotzdem dankbar und zufrieden zu sein.

Zusammen mit meinem Freund betete ich: »Oh Gott, gib mir doch eine Möglichkeit, anderen die Frohe Botschaft weiterzusagen.« Und Gott antwortete mir. Freunde empfahlen mir das Bibelseminar des WEC in Tasmania als Vorbereitung auf den Missionsdienst.

So kehrte ich nach Bombay zurück. Wir heirateten und machten uns auf den Weg nach Australien, um unsere Missionarsausbildung in Tasmania anzutreten. Die ganze Zeit über versorgte Gott uns mit den nötigen Finanzen, denn selbst hatten wir nichts.

Nach der anstrengenden Zeit in Tasmania führte Gott uns nach Bangladesch, kein einfacher Ort zu jener Zeit. Der Bürgerkrieg war gerade zu Ende, und das Land hatte seine Unabhängigkeit erlangt. Wir erhielten ein Visum für ein Jahr, das Jahr für Jahr erneuert werden musste. Gott sei Dank dafür, dass wir bis zum heutigen Tag immer wieder ein neues Visum erhalten haben.

Vijaya fand einen erfüllenden Dienst in einer christlichen Klinik für Flüchtlinge und leitete dort auch die Gebetstreffen für das Pflegepersonal. Inzwischen waren wir eine richtige Familie geworden mit drei kleinen Kindern, die uns viel Freude bereiteten. Mein Leben im Rollstuhl empfand ich dagegen alles andere als einfach. Mit vielen schwer wiegenden körperlichen Beeinträchtigungen musste ich zurechtkommen. Ich fühlte mich wie ein Gefangener im eigenen Haus, denn die Straßen waren nicht für Rollstühle gebaut. Wie sollte ich nun die armen Dorfbewohner erreichen, denen ich doch die Frohe Botschaft sagen wollte?

Wieder beteten und fasteten Vijaya und ich. Dann gab Gott uns den Gedanken, ein Jüngerschaftszentrum zu gründen, eine vollzeitliche Ausbildung für Christen zu ermöglichen, die das Evangelium weitergeben wollten. Während der Ausbildung sollten sie im Zentrum wohnen. Ich begann, Material für einen Ein-Jahres-Kurs vorzubereiten. 1979 mieteten wir ein kleines Haus und eröffneten das Christliche Jüngerschaftszentrum (CDC) mit sechs Studenten. 1993 konnten wir schließlich unsere eigenen Häuser beziehen. Bis Ende 1998 wurden 360 Christen ausgebildet, darunter 104 Frauen, die bei verschiedenen christlichen Missionen und Kirchen in ganz Bangladesch arbeiten. Sie leisten einen wesentlichen Beitrag zum Wachstum der Gemeinde in diesem Land.

Nach 25 Jahren in Bangladesch können wir voll Freude bezeugen, dass der Herr Jesus Christus der lebendige Heiland ist. Er ist derselbe, gestern, heute und in Ewigkeit. Ich bin an meinen Rollstuhl gebunden und doch frei. Ich spüre überall Grenzen, aber Gott kennt keine Grenzen. Er kann jeden gebrauchen! Es kommt nur darauf an, dass wir uns ihm ganz zur Verfügung stellen.

Biswanath und Vijaya Chowdhuri
Gründer und Leiter des Christlichen Jüngerschaftszentrums in Dhaka/Bangladesch, der einzigen theologischen Ausbildungsstätte, die in der Landessprache unterrichtet. Die Arbeit wird von der DMG unterstützt.

Nicht nur die Tat,
auch das Leiden ist ein Weg zur Freiheit.
Man gibt seine Sache ganz aus den eigenen Händen
und legt sie in die Hände Gottes.

D. Bonhoeffer

Biswanath und Vijaya Chowdhury   Foto: DMG-Archiv

Antuco, ein Indianerkind soll sterben

»Ausländischer Räuberhund, komm näher, dann hau ich dir die Beine ab!« Das war überdeutlich, und ihre Drohung unterstrich die Indianerfrau mit einer mächtigen Machete (Buschmesser). Gerade waren wir mit dem Kanu über den Budisee, ein vom Meeresbeben zugespültes Tal, gekommen. Alvaro, mein Begleiter, steuerte gekonnt dem flachen Ufer zu. Meine Trompete und die Handtasche hatte ich an mich genommen und wollte aussteigen. Bei solch einem Empfang rutscht auch dem Kühnsten das Herz in die Hose. Dabei wollten wir den Indianern von der Liebe Gottes erzählen. Schnell wurde uns klar, dass hinter der alten Mapuchen-Frau andere Mächte standen. Satan wollte, dass sie weiter unter seiner Herrschaft bleiben und mit vielen andern ihrer Sippe im alten, sündigen Leben sterben sollte. Nur wenige Tage zuvor waren wieder einige Kinder geopfert worden. Die »machi« (Zauberfrau) schreckte auch davor nicht zurück. Was war der Grund dieses schrecklichen Rituals?

Furchtbar hatte das Meer gewütet. Kostbares Weideland war dem Meeresbeben zum Opfer gefallen, weil sich die Küste um einige Meter senkte. Wo Schafherden und stolze Pferde weideten, kräftige Saubohnen zur Ernte bereit standen und die neuen Kartoffeln herrlich blühten, war alles mit Salzwasser bedeckt. Mit ungeheurer Gewalt und meterhohen Wellen war es in die Täler des Landesinneren eingedrungen. »Das ist der Zorn der Götter, die Rache des ›Wecúfe‹-Geistes!«, riefen die Indianer angsterfüllt.

Beim »gñuillatún«, dem viertägigen indianischen Fest unter freiem Himmel, wo für Regen und gute Ernte gebetet wurde, opferte man Tiere. Nun aber waren sich alle einig: der Ernst der Lage forderte größere Opfer. Menschenopfer! Die Geister mussten zufrieden gestellt und ihr Zorn besänftigt werden.

Vier Opfer sollten gesucht werden. In alle Himmelsrichtungen galoppierten die Reiter auf der Suche nach Jungen bis zu acht Jahren. In den Familien ging die Angst um. Mütter versuchten ihre minderjährigen Buben zu verstecken. Im hoch gewachsenen Maisfeld standen einige Frauen und schwatzten betroffen. Wen würde es wohl diesmal treffen? Welche Familie würde auf so grausame Weise ihren Sohn verlieren?

Antuco hütete gerade die Schafe. Überall musste man die Augen und Ohren offen haben, zumal es schon einige neugeborene Lämmer gab, und der Puma aus den Bergen frech in die Herde eingriff, um sich eine Beute zu holen. Plötzlich in der Ferne verriet eine Staubwolke, dass Reiter mit großer Geschwindigkeit auf Antucos Hütte zu galoppierten. Schweiß stand ihm im Gesicht, das Herz überschlug sich fast vor Klopfen, der ganze Körper des Siebenjährigen zitterte. Er wusste, um was es ging und rannte um sein Leben. Aber wohin? Wie sollte er den Opfer suchenden Männern entkommen? Vielleicht hatte man ihn schon gesehen. Vielleicht befand sich hinter dem nächsten Baum jemand, der auf ihn lauerte. Wenn er nur die Fuchsiensträucher erreichen könnte, dann wäre er nicht von überall sichtbar. Noch zehn Meter! Jetzt war er vorerst sicher, falls man ihn nicht schon gesehen hatte. Ohne zu überlegen, seinem Instinkt folgend, kroch er weiter ins dichte Gebüsch.

Was machte es schon, dass er von den Dornen der Brombeersträucher unbarmherzig gestochen wurde und sich an den spitzen Chuca-Blättern wund rieb. Er spürte keinen Schmerz, nur die Angst, gefunden zu werden. »Falls man mit Hunden nach ihm suchte, wäre es besser, weit über dem Boden zu sein«, schoss es durch seinen wachen Kopf. Also da drüben über dem Bach würde er versuchen, den Lorbeerbaum zu erklimmen. Die vordere Seite bot eine gute Einstiegsmöglichkeit, aber sie war vom Weg aus sichtbar. Das konnte er nicht wagen.

Wozu zog er jetzt sein verwaschenes, ausgebleichtes Hemd aus? Geschickt drehte er daraus eine Schlinge und schwang sich auf den starken, groß gewachsenen Baum. Kein trockener Ast durfte brechen, kein Vogel aufschrecken. Er wagte kaum zu atmen und kauerte in einer Gabelung. Das Herz stand ihm fast still, als er mehrmals laut seinen Namen hörte. War man ihm auf der Spur? Hatte man die verwaisten Schafe gesehen? Wurde die Mutter erpresst, seinen Aufenthaltsort zu nennen? Minuten wurden zur Ewigkeit. Wieder hörte er seinen Namen rufen: »Antuco, Antucooo!« Aber jetzt war es schon leiser, undeutlicher und nicht mehr so aufdringlich. Schnell brach die Nacht herein. Trotz Müdigkeit, Hunger und Kälte war nicht an Schlaf zu denken. Sein Versteck, nein, das würde er vor Tagesanbruch nicht verlassen. Aber wenn er nicht das Opfer wurde, wer dann? Vielleicht Francisco oder Nazareno oder Lepi, sein bester Freund? Noch vor Mitternacht mussten die Opfer gebracht und ihre toten Leiber ins Meer geworfen werden. Schrecklich, auch nur daran zu denken. Wie sehr würden die Mütter, die Geschwister, die ganze Sippe weinen. Aber die Opfer mussten gebracht werden!

»Warum waren die Geister so stark, furchtbar und lieblos?«, dachte Antuco. Doch halt, so frech durfte er nicht denken! Das könnte ihm zum Verhängnis werden. Antuco erschrak über sich selbst.

Seine Eltern und neun Geschwister machten sich große Sorgen. Die Schafe kamen bei Einbruch der Dunkelheit allein nach Hause, aber Antuco? Gut, dass er geflüchtet war, aber inzwischen müsste er doch wieder da sein.

Damit er beim Einschlafen nicht vom Baum fiel, schlüpfte Antuco geschickt in seine Schlinge, die er aus seinem Hemd gedreht hatte. Lange konnte er nicht geschlafen haben, denn ohne Hemd wurde es im Morgenwind ungemütlich kalt. Vorsichtig machte er sich auf den Heimweg. Erst bellten die Hunde, dann stimmten sie ein Freudengeheul an. Nun wussten die Eltern: Ihr verlorener Sohn war heimgekehrt. Vier andere Söhne im Gebiet von Rucatraro kamen nicht mehr nach Hause; sie mussten ihr Leben lassen.

Einige Jahre später hat Antuco verstanden, dass Gott keine Menschenopfer fordert. Gott opferte seinen eigenen Sohn zur Versöhnung unserer Sünden, damit uns sein Zorn nicht trifft und er uns als seine Kinder annimmt.

Auch die Indianerfrau, die mir die Beine abhacken wollte, hat die befreiende Macht Jesu erfahren. Sie ist zum lebendigen Glauben gekommen und hat sich taufen lassen – als Zeugnis, dass sie, von Satans Macht befreit, unter der Herrschaft Jesu leben will. Einer ihrer Söhne, José Painacur, ist heute Ältester der Gemeinde, und viele Enkel haben den guten Weg ihrer Oma, den »Jesusweg«, eingeschlagen. Aus Feinden wurden Freunde, Schwestern und Brüder in Christus. Mission ist nicht immer gewollt, aber doch so nötig!

Manfred und Gertraud Bluthardt
waren 24 Jahre als Missionare in Chile,
bevor sie in die Leitung der DMG berufen wurden.
Von 1991 bis 1999 war Manfred Bluthardt
Missionsdirektor der DMG.

Mapuchenfrau, Chile Foto: E. Reinschmidt

Ich habe alles falsch gemacht

Es beginnt dunkel zu werden, obwohl es erst vier Uhr nachmittags ist. Durch die fast menschenleeren Straßen von Bethel fegt ein eisiger Schneesturm. Klirrende Kälte lässt alles Leben erstarren. Das Thermometer zeigt minus 52 Grad Celsius. Nur wer einen zwingenden Grund hat, verlässt die warme Geborgenheit seines Hauses. Und Peter Green hat einen Grund. Er ist Pastor einer benachbarten Gemeinde und unterwegs zu uns.

Es läutet. Vor uns steht ein hochgewachsener, freundlicher Eskimo, 47 Jahre alt, seine Pelzmütze weit ins Gesicht gezogen. Die Wärme des Hauses tut ihm wohl. Zögernd beginnt er zu erzählen, eine Lebensgeschichte, die wir so schnell nicht vergessen werden:

Lange hatte er wegen Mordes im Zuchthaus gesessen. Die ersten Wochen nach seiner Entlassung waren unsagbar schwer. Auf der Straße wurde er angestarrt. Freunde und Verwandte in seinem Heimatort machten einen Bogen um ihn. Wie ein Aussätziger fühlte er sich. Nicht nur die Natur Alaskas war in den langen Wintermonaten erstarrt. Auch sein Leben drohte immer wieder in Selbstvorwürfen und Ängsten zu erstarren. Peter Green schlürft seinen heißen Tee. Tiefe Falten hat das Leben in sein Gesicht gezeichnet.

»Als Kind hörte ich von Jesus«, beginnt er zögernd. »Meine Eltern lasen uns aus der Bibel vor und beteten. Auch in der Kirche lernte ich die biblischen Geschichten kennen. Begeistert nahm ich Jesus als meinen persönlichen Herrn an. Lange ist das her, 25 Jahre. Mit Jesus leben machte mich so froh und frei. Aber irgendwann geschah es dann. Ich geriet auf Abwege und distanzierte mich immer mehr von Gott. Der Alkohol bekam mich in den Griff. Er machte nicht nur mich kaputt, sondern auch meine Ehe. Furchtbar ist das, sag ich Ihnen. Ganz furchtbar. Ich habe alles falsch gemacht.« Peter Greens Stimme klingt erregt. Er streicht sich durch das Haar. »Schließlich endete ich im Gefängnis. Im betrunkenen Zustand hatte ich meine Frau erschlagen. Wie konnte ich nur dazu fähig sein? Ich liebte sie doch so sehr. Der Alkohol hat mein Leben ruiniert. Ich verstand mich selbst nicht mehr. Glauben Sie mir, der Verlust meiner Frau, die Reue, der Schmerz und die Selbstvorwürfe waren schlimmer als all die Jahre im Gefängnis. Ich fühlte mich von allen verlassen, von der Familie, von Freunden. Die kahlen Wände meiner Zelle starrten mich an. Sie verklagten mich.« Peter Green holt tief Luft. Seine Augen sehen durch uns hindurch in die furchtbare Vergangenheit. »Der einzige Freund, der mir blieb, war Jesus. In einer Nacht, als die Dunkelheit um mich und in mir unerträglich wurde, schrie ich zu ihm. Mein ganzes kaputtes Leben legte ich Jesus hin und bat ihn um Vergebung. Und er machte mich frei, nicht nur von der Schuld, auch vom Alkohol.

Am nächsten Tag bat ich den Wärter um eine Bibel. Er besorgte mir eine. Tag und Nacht las ich in dem Buch. Wie ein Verdurstender in der Wüste nach Wasser lechzt, nahm ich Gottes Wort in mich auf. Ich wusste, Gott hatte mir vergeben. Aber hatte ich nicht mein Leben verwirkt? Ein für allemal? Konnte Gott einen Mann wie mich jemals wieder gebrauchen? Da machte Jesus mir klar, dass er mir mit der Vergebung auch neues Leben geschenkt hatte.

Noch im Gefängnis rief er mich in seine Nachfolge. Jesus nachfolgen, heißt das nicht auch, ihm dienen? Aber wie sollte ich Gott im Gefängnis dienen? Gott öffnete mir nicht nur das Herz, auch die Augen. Plötzlich sah ich die Not meiner Mitgefangenen, all ihre Hoffnungslosigkeit, wie ich sie erst vor wenigen Wochen selbst durchlebt hatte. Ich begann, ihnen Gottes Wort zu sagen. Wir sprachen über ihre Not, ihren Frust, und viele fanden Trost und Hoffnung in Jesus. Alkoholikern stand ich als Berater zur Seite. Sie hörten auf zu fluchen und vertrauten ihr armseliges Leben Jesus an.

Endlich kam der Tag meiner Entlassung. Sofort bewarb ich mich als Student in einem Bibelseminar und erhielt eine gute theologische Ausbildung. Der Unterricht faszinierte mich. Jesus selbst begegnete mir in seinem Wort. Und jetzt darf ich meinem Herrn in der Gemeinde als Pastor dienen. Gottes Liebe hat mich gefunden. Wo immer ich auch bin, kann ich bezeugen: Gott lebt. Er handelt. Auch heute noch. *›Ist jemand in Christus, so ist er eine neue Kreatur‹* (2. Kor 5, 17). Dafür steht mein Leben als Zeuge.«

Dr. Kurt und Renate Vitt
arbeiteten viele Jahre unter Eskimos in Alaska und Sibirien.

Ein neu geschenkter Tag ist neu geschenktes Leben.
Miss ihn nicht mit Vergangenem,
sonst gehst du an der Liebe Gottes vorbei.
F. Herter

Das Geständnis

Ein gewaltiger Tropenregen prasselt nieder. In wenigen Augenblicken verwandelt er Bäche in reißende Ströme. Schwarze Wolken türmen sich am Himmel auf. Blitze zucken. Donner mischt sich mit Urgewalt in das Rauschen des nahen Flusses.

Ein Mann hastet durch den Dschungel auf eine Lichtung zu. Vor einem kleinen Haus bleibt er stehen. Klopft. Der Regen, der auf das Wellblechdach trommelt, verursacht einen ohrenbetäubenden Lärm. Wieder klopft er. Lauter. Eine Frau öffnet. Sie erschrickt.

»Wiatme! Was machst du hier? Bei diesem Wetter! Komm herein.« Der Mann ist völlig durchnässt. Wild fallen ihm die krausen Haare in die Stirn. Seine dunklen Augen spiegeln Not und Verzweiflung. Die Hände zittern. Seine wulstigen Lippen beben.

»Sister Helen, ich … ich muss dir etwas sagen«, beginnt er stockend. »Mit diesen Händen habe ich's getan.« Er streckt ihr seine großen, zitternden Hände entgegen. »Was hast du getan?« – »Ich habe sie umgebracht. Erwürgt.« – »Wen hast du erwürgt?« – »Meine Mutter, meine eigene Mutter.«

Der Mann setzt sich, streicht sich die Haare aus dem Gesicht. »Ich hatte es dir verschwiegen, damals, als ich Jesus bat, Herr meines Lebens zu werden. Sie machen es doch alle so, dachte ich. Unsere Väter haben es getan. Unsere Großväter. Wenn die Geister rufen, muss man gehorchen. Eine Witwe folgt ihrem Mann ins Reich der Toten. So will es unser Gesetz. So wollen es die Geister des Totenreichs. Aber – seitdem ich Gottes Gesetz kenne, klagt es mich an. Tag und Nacht. Oh, Sister, verstehst du mich? Bitte, sag mir, was ich tun soll. Bitte! In meinem Bauch brennt es wie Feuer. Der tosende Fluss – wenn er mich heute in die Tiefe zieht? Der Blitz – wenn er mich heute zerreißt? Wenn ich heute vor Gott treten soll, wie kann ich bestehen?«

Pita Wiatme ist Ältester in dem kleinen Urwalddorf Leim, im Süd-Osten der Insel Neubritannien. Als einer der Ersten hatte er sich für Jesus entschieden. Er duldet keine Kompromisse, weder in seinem eigenen Leben noch im Leben anderer. Nun quält ihn eine alte Schuld und lässt ihn fast verzweifeln.

Helene Held gießt ihm eine Tasse heißen Tee ein. »Hier Pita, trink erst mal! Und nun erzähle. Wie war das damals?«

Stockend beginnt der Mann zu berichten: »Es war an einem Tag wie heute. Ein furchtbares Unwetter tobte. Regen, Sturm, Feuer vom Himmel. Mein Vater befand sich auf dem Heimweg ins Dorf. Nur der Fluss trennte ihn noch von unserer Hütte. Aber der Fluss schäumte und schnaubte, als würden alle Geister in ihm wüten. Er war zu einem reißenden Strom angeschwollen. Wehe dem, der es wagte, ihn jetzt zu überqueren. Aber Vater wagte es. Mit aller Macht zog es ihn nach Hause. Er setzte den Fuß ins Wasser und kämpfte gegen die gefährliche Flut. Plötzlich packte ihn eine Stromschnelle mit solcher Macht, dass er das Gleichgewicht verlor. Sie zog ihn in die Tiefe. In einer Flussbiegung weit unten fand man ihn – tot.«

Pita seufzt. »Als meine Mutter die Nachricht erfuhr, schrie sie laut auf. Sie schrie und schrie und hörte nicht mehr auf. Danach saß sie nur noch stumm in einer Ecke.

Starr blickte sie vor sich hin. Sie aß nichts mehr, sie verrichtete keine Arbeit mehr.

Eine unheimliche Stille erfüllte die Hütte. Plötzlich sprach sie mich an. ›Pita.‹

Ich schreckte auf. ›Ja, Mutter.‹ – ›Du weißt, was du zu tun hast. Manjo wird dir helfen.‹ Manjo, mein jüngerer Bruder schlief bereits. Ich schwieg. Wie hatte ich mich vor diesem Augenblick gefürchtet!

›Pita.‹ – ›Ja, Mutter.‹ – ›Du musst es tun. Das ist der Weg unserer Väter. Und – es ist gut für mich.‹

›Gut für dich? Warum? Warum, Mutter?‹ – ›Ach, mein Sohn, das verstehst du jetzt noch nicht.‹ Ihre Stimme klang matt und müde. ›Ich gehöre zu deinem Vater. Nun, wo dein Vater tot ist, habe ich kein Recht mehr auf Leben.‹ Wieder schwieg ich. Es war mir, als würde ich in ein tiefes Loch stürzen.

›Mutter, ich kann nicht‹, flüsterte ich, und meine Stimme zitterte: ›Manjo soll es tun.‹ –

›Pita, du bist der Älteste. Es ist deine Pflicht. Dein Bruder wird dir helfen.‹ Von Schmerz zerrissen sprang ich auf und lief wie von Sinnen in der Hütte auf und ab. Schon oft war ich Zeuge solch einer Totenfeier gewesen. Ich hatte gesehen, wie eine Witwe von ihren Söhnen erwürgt wurde. Die ganze Sippe tanzte singend um das Haus herum. Sie riefen die Totengeister an, während sie die Frau erdrosselten. Eigentlich hatte es mich nie besonders berührt. Aber jetzt? Konnte ich meine Mutter, die ich liebte und ehrte, erwürgen? Mit eigener Hand? Konnte ich mit ansehen, wie sie ihr Leben aushauchte? Hatte ich nicht schon genug gelitten, dass Vater so grausam in den Fluten umgekommen war und ich als Fünfzehnjähriger nun ohne Vater aufwachsen musste?

Aber – blieb mir eine andere Wahl? Wer wagte es, sich gegen das Gesetz der Väter zu stellen? Wer wagte es, den Geistern zu widerstehen, wenn sie rufen?

Ich setzte mich wieder und starrte in die Glut des kleinen Feuers. Es war dunkel im Raum, so unheimlich dunkel. Ich konnte sie fühlen, die Totengeister. Von allen Seiten sahen sie mich an mit fahlen Gesichtern und hämischem Grinsen.

›Pita, hörst du?‹ Ich schreckte auf, zitterte am ganzen Leib. ›Ja, Mutter.‹ – ›Du musst es tun. Morgen.‹ – ›Ja, Mutter.‹

Früh am nächsten Morgen, meine zwei jüngsten Brüder schliefen noch, ging ich mit Manjo in den Wald, um eine kräftige Liane zu suchen. Etwas später hatte sich die ganze Sippe um das Haus versammelt. Onkel, Tanten, entfernte Verwandte, Freunde.« Pita stockt. Seine Augenbrauen ziehen sich zusammen. Seine Stimme bebt.

»Mutter wartete vor der Hütte auf uns. Stumm setzte sie sich auf die Erde. Keine Träne. Kein Abschiedswort. Wir banden die Liane um ihren Hals. Kein Laut. Keine Klage. Manjo nahm ein Ende der Liane, ich das andere. Dann zogen wir, fest, immer fester, bis der schlaffe Körper zurückfiel. Meine Mutter war tot. Ich hatte meine Pflicht erfüllt.«

Pita erhebt sich. »So wollte es das Gesetz, Sister. So wollten es die Geister.« Dann sinkt er erneut auf den Stuhl und flüstert: »Aber in Gottes Augen bin ich ein Mörder.« Seine Stimme wird lauter. »Sag, Sister Helen, dass ich ein Mörder bin. So oft ich Gottes Wort lese, klagt es mich an. Du sollst nicht töten, sagt es. Pita, du bist ein Mörder!« Pita stöhnt. »Kann Jesus mir eine so schwere Schuld vergeben?«

Immer noch trommelt der Regen auf das Dach. Die Bäume vor dem kleinen Buschhaus biegen sich im Sturm.

»Er kann dir vergeben. Er will es sogar, Pita«, antwortet Helene Held nach längerem Schweigen. »Sünde, die nicht bekannt wird, wird groß im Herzen, so groß, bis sie uns erdrückt. Sünde hindert uns, im Glauben zu wachsen. Sie nimmt uns die Freude. Was du getan hast, spricht dich schuldig, auch wenn es alle anderen ebenso tun. Aber, glaub mir, es gibt keine Schuld, die zu groß wäre, als dass Jesus sie nicht vergeben könnte. Auch für diese Sünde ist er am Kreuz gestorben. Nenne ihm alles, was dich quält. Bekenne ihm deine Schuld. Die Bibel sagt: *Wenn wir aber unsere Sünden bekennen, so ist er treu und gerecht, dass er uns die Sünden vergibt (1. Joh 1.9)*. Glaubst du das, Wiatme?« – »Ich glaube, Sister.«

Wiatme verbirgt das Gesicht in seinen großen, groben Händen und schluchzt. Dann betet er. Wie ein Kind mit seinem Vater redet, so redet er mit Gott.

Als das Unwetter nachgelassen hat, macht er sich auf den Weg zurück nach Hause. Ein neuer Mensch! Unbeschreibliche Freude erfüllt ihn. Vergebung! Gibt es etwas Größeres? Gott hat seine Schuld ausgelöscht, so, als hätte er sie nie begangen. Nichts trennt ihn mehr von seinem himmlischen Vater. Er, Pita Wiatme ist frei, kann wieder leben, atmen, sich freuen. Er ist seinem Vater im Himmel ein großes Stück näher gekommen.

Lange sieht Helene Held ihm nach, bis das satte Grün des Dschungels ihn in sich aufnimmt.

Helene Held / E. Herm
Helene Held arbeitete mehr als 40 Jahre in Papua-Neuguinea

Pita Wiatme aus dem Arowe-Stamm, Westneubritannien Foto: H. Held

Simon, der Gesundheitshelfer

Simon, Dorfgesundheitshelfer von Rang und Würde, wurde von den Bewohnern seines Ortes zum Richter gewählt. Treu und gewissenhaft versah er sein Amt, und die Leute waren mit ihm und seiner Arbeit zufrieden.

Eines Tages geschah etwas Schreckliches. Sein elf Monate alter Junge wurde ermordet. Tief traurig standen die Eltern vor dem leblosen Körper ihres kleinen Kindes. In die Traurigkeit mischten sich quälende Fragen. Wer war der Täter? Wer hatte ein Interesse daran, ihr Kind zu töten? Irgendeiner, der ihnen feindlich gesonnen war? Vielleicht hatte der Sanguma-Mann (Zauberer) das Kind im Auftrag eines Feindes verflucht. So viel war sicher: Wehe dem, auf den der Sanguma einen Todeszauber legte, er musste sterben.

»Ich werde den Mörder finden und nicht eher ruhen, bis ich ihn vor Gericht gestellt habe«, dachte Simon, und für einen Augenblick wurden seine Augen so dunkel wie der kleine Tümpel hinter ihrem Haus. Eigentlich wusste Simon, der schon länger Christ war, dass der Sanguma-Mann keine Macht mehr über ihn hatte. Aber jetzt in all dem Schmerz versuchten finstere Gedanken ihn zu überwältigen.

In ihrer Not kamen Simon und seine Frau zu mir auf die Missionsstation Brugam und berichteten mir von dem furchtbaren Geschehen. Erregt fragte Simon: »Und der Mörder? Was geschieht mit ihm? Muss ich ihn nicht suchen und vor Gericht bringen?«

Es fiel mir schwer, spontan die richtige Antwort zu geben. »Wichtig ist, dass du ihm vergibst«, entgegnete ich. »Wie schnell kommen Gedanken der Rache in uns hoch. Jesus aber sagt: ›*Liebt eure Feinde; tut wohl denen, die euch hassen*‹ *(Lk 6,27).*« Und im Vaterunser lehrt er uns beten: ›Und vergib uns unsere Schuld, wie wir vergeben unsern Schuldigern‹ (Mt 6,12). Aufgebracht springt Simon auf. »Soll ich dem Mörder meines Kindes vergeben? Oh Schwester, das ist zu schwer!«

Da fiel mir ein Erlebnis ein, das mir einmal sehr geholfen hatte. »Simon, ich will dir etwas erzählen«, begann ich. »Es liegt schon Jahre zurück. Ich hatte eine Mitarbeiterin, die mich sehr ungerecht behandelte. Einmal blamierte sie mich öffentlich vor einer Gruppe Menschen. Oh, war ich böse auf sie! Wo ich nur konnte, wich ich ihr aus. Ich versuchte, ihr zu vergeben, aber ich konnte nicht. Auf meiner Seele lag ein Druck, schwer wie ein Stein. Immer trauriger wurde ich. In meiner Verzweiflung betete ich: ›Herr, es fällt mir so schwer, ihr zu vergeben, aber ich *will* vergeben. Hilf du mir dabei.‹ Plötzlich wich der Druck von mir. Von dem Tag an wusste ich, dass Vergeben und Vergessen nicht nur Gefühlssache sind, sondern meinen ganzen Willen fordern. Nun konnte ich meiner Mitarbeiterin wieder unbeschwert und fröhlich begegnen.«

Aufmerksam hörte Simon zu. Minuten verstrichen, ohne dass einer von uns etwas sagte. Mit gesenktem Kopf saß er da und dachte nach. »Sage Gott, dass du dem Mörder deines Kindes vergeben willst«, unterbrach ich das Schweigen. »Sage ihm, dass du es wirklich willst. Dann wird Gott dir helfen. Auf deinen Willen kommt es an.« Plötzlich schaute Simon hoch. »Ich will! Ja, ich will.« Traurig und doch getröstet machten sich die beiden auf den Heimweg.

Einige Monate später traf ich Simon im Dorf. »Gott hat mich wieder froh gemacht«, sagte er, und seine Augen strahlten. »Hast du den Mörder gefunden?«, erkundigte ich mich. »Nein«, wehrte er ab. »Warum sollte ich ihn noch länger suchen! Ich will mich nicht mehr rächen. Ich habe ihm vergeben. Nun bin ich frei.«

Leonide Graumann
bildete Krankenschwestern auf den Salomon-Inseln aus
und Dorfgesundheitshelfer in Papua-Neuguinea.

»Op Lombok« – wunderschön!

Er war nicht besonders schön, mein Hausjunge Eli. Sein Kopf hatte die Form eines Eies, und seine Nase erinnerte eindeutig an eine – sagen wir – Gewürzgurke. Wenn er lachte, besuchte der Mund beide Ohren. Seine Beine aber waren flink wie ein Wiesel, nur leider etwas zu kurz geraten. Nein, besonders schön war Eli nicht, jedenfalls nicht in meinen Augen. Aber was ist schon äußere Schönheit! Auf die innere kommt es an. Und die hatte Eli. Treu und hilfsbereit war er und liebte seinen Herrn Jesus Christus über alles. Ein Herz aus Gold hatte er. Nur schade, dass man das nicht sehen konnte. Das Wesentliche ist unsichtbar.

Eli kam aus dem Dani-Stamm, der im hügeligen Inland Irian Jayas beheimatet ist. Viele Danis waren bereits Christen und gingen selbst als Missionare zu Menschen, die noch nichts vom Evangelium gehört hatten.

Einmal schickte ich Eli zu einer Mitmissionarin, um etwas zu erledigen. Etwas später sah ich ihn vom Küchenfenster aus durch das Gartentor zurückkommen. Er trug etwas Großes unter dem Arm, ganz vorsichtig. »Was ist denn das?«, überlegte ich. »Ach, vielleicht der Spiegel, den ich Hanna ausgeliehen hatte.«

Der Gartenpfad macht gleich nach dem Eingangstor einen kleinen Bogen, so dass ich Eli nicht mehr sehen konnte. Ich wartete. Aber Eli kam nicht. »Wo bleibt er bloß«, dachte ich. »Wahrscheinlich holt er Holz.« Eine lange Zeit verging. Wo steckte Eli nur? Endlich erschien er, immer noch seinen geheimnisvollen Schatz unter dem Arm tragend. »Wo bist du so lange geblieben?«, fragte ich ihn verwundert. Zunächst wichen seine Blicke mir aus. Dann schaute er mich mit großen, strahlenden Augen an, während sein Mund von einem Ohr zum andern lachte. »Ich wollte mich so gern im Spiegel sehen. Darum ging ich zum Papayabaum hinter dem Haus, stellte den Spiegel an den Baum und schaute hinein. Weißt du, noch nie habe ich mich in einem Spiegel betrachtet.«

»Und was dachtest du, als du dich darin gesehen hast?«, fragte ich gespannt. Zögernd kam es aus ihm heraus: »›Op lombok‹ – wunderschön! Gott hat mich so schön gemacht!« Ich betrachtete Eli, meinen lieben Küchenjungen, mit der gurkenhaften Nase und den zu klein geratenen Beinen und konnte mich von Herzen mit ihm freuen. Er hatte sein Aussehen angenommen, wie Gott ihn gemacht hat und fand das sehr schön.

»Op lombok« – wunderschön ist jeder von uns, geliebt und wert geachtet in Gottes Augen. Haben wir uns so angenommen und Gott dafür gedankt?

Magda Silcher
arbeitete 30 Jahre unter den Danis in Irian Jaya.
Frauen und Männer wurden von ihr im Wort Gottes unterrichtet,
um sie zu treuen Zeugen Jesu zu machen.

Magda Silcher und Hausjunge Eli   Foto: DMG-Archiv

Im Knast zu Jesus

Ein fantastisches Mittel ist es, das Radio! Bis in die entlegensten Winkel unserer Erde kann es das Evangelium tragen. Die Radiowellen machen weder halt vor Kloster- noch Gefängnismauern.

Letterio hörte im Gefängnis die befreiende Botschaft von Jesus. Wie Gottes Wort sein Leben und das Leben seiner ganzen Familie verändert hat, erzählt er in beeindruckender Weise.

»Angefangen hatte alles im Gefängnis San Vittore in Mailand. Dort war ich wegen einer Straftat eingesperrt. Schon als Junge hatte ich kleinere Delikte verübt, vielleicht, weil mir eine richtige Familie fehlte. Mein Vater war Alkoholiker. Meine Mutter und wir Kinder übernachteten oft außerhalb, weil Vater im Alkoholrausch gewalttätig wurde. Ich war umgeben von Gewalt. Meine Schwester kam auf gewalttätige Weise um, als sie zehn Jahre alt war. Mit der Zeit begann ich, alles und jeden zu hassen.

Jahre vergingen. Da traf ich Menschen, die mir von Jesus Christus erzählten. Wie ganz anders war dieser Jesus! Er brachte Frieden und nicht Gewalt, Liebe anstatt Hass, Vergebung anstatt Rache. Mit diesem Jesus wollte ich leben. Aber schon bald wandte ich mich wieder vom Glauben ab. Gott dagegen hielt zu mir. Er wartete auf mich.

Vor etwa zehn Jahren starb meine Mutter, und im Juli verunglückte mein Bruder tödlich. Das waren harte Schläge für mich. Nun blieb mir nur noch meine Frau Rita, die mir immer und in jeder Lage zur Seite stand, und meine beiden kleinen Töchter, die ich liebte. Als ich verhaftet wurde, war mir, als ob ein Teil von mir weggerissen würde.

Eines Tages, in meiner Zelle eingeschlossen, schaltete ich das Radio an und hörte Radio Monte Carlo. Leider war der Empfang sehr schlecht, aber ich begriff, dass über Jesus gesprochen wurde. Trotz des schlechten Empfangs gelang es mir, die Adresse mitzuschreiben. Ich sagte mir: Diesen Leuten will ich schreiben. In ihren Stimmen und dem, was sie sagten, lag ein Frieden, den ich nicht hatte. So schrieb ich: ›Ich bin ein Strafgefangener. Zufällig hörte ich den Schluss eures Programms … ich möchte alles über den Willen Gottes für mein Leben wissen …‹

Die Antwort lautete: ›Es tut mir Leid, dass du im Gefängnis sitzt. Hoffentlich nur für kurze Zeit. Auf jeden Fall möchte ich dir Mut machen, diese Zeit dazu zu nutzen, deinen Standort gegenüber Gott klarzustellen. Du fragst, was Gott von uns will. Vor allem will er, dass wir an ihn und seinen Sohn Jesus Christus glauben. Dies sind die ersten Schritte auf dem Weg, Gottes Willen zu erkennen. In der Bibel wirst du noch viel mehr entdecken.‹

Diese Worte bewegten mich tief, und so brachte ich meine Frau auch in Kontakt mit dem Radio-Team. Zu meiner Überraschung zeigte sie großes Interesse für Gottes Wort. Sie gab mir eine Bibel, die sie von den Mitarbeitern des Radiosenders bekommen hatte. So begann ich, in der Bibel zu lesen. Besonderen Trost fand ich in den Psalmen. Schon bald machte ich klare Sache mit Gott und vertraute ihm mein Leben an.

Im Gefängnis lief es nicht besonders gut, obwohl ich arbeiten und so meine Familie unterstützen konnte.

Die Christen von ›draußen‹ waren mir in der Zeit eine besondere Hilfe. Dann wurde ich in ein weiter entferntes Gefängnis verlegt, in dem es mir besser erging als in Mailand. Aber nun trennten mich viele Kilometer von meiner Familie. Darunter litt ich sehr, aber ich wusste: Gott ist bei mir. Das gab mir Kraft und Mut, im Glauben weiterzugehen.

Endlich wurde ich aus dem Gefängnis entlassen. Ich war ein freier Mann, aber wurde von vielen Menschen abgelehnt. Eine Zeit schwerer Prüfungen wartete auf mich. Lange Zeit war ich arbeitslos, was mich total aus dem Gleichgewicht warf. Es schien fast aussichtslos, mit einer Vorstrafe eine Anstellung zu finden. Wieso gab der Herr mir keine Arbeit? War ich nicht sein Kind? Nach einem Jahr des Wartens tat Gott eine Tür auf, und heute blicke ich dankbar auf einige Jahre Arbeit zurück. Und ich blicke dankbar auf Gottes Barmherzigkeit, die mich gefunden hat. Wer die Macht der Sünde kennen gelernt und Vergebung erfahren hat, kann nur staunen über die Liebe Gottes. Gott sagt Ja zu mir, trotz meiner Schuld und all meiner Fehler. Ich darf zu ihm kommen, wie ich bin. Die schweren Prüfungen meiner Vergangenheit haben mich zu Gott geführt.«

Johannes und Anke Wiegers
arbeiten in der Radiomission.
Heute ist ihre Sendung »Durch die Bibel« in ganz Italien zu hören.

8.

Kinder der Straße

»Als Jesus das Volk sah, jammerte es ihn, denn sie waren verschmachtet und zerstreut wie die Schafe, die keinen Hirten haben« (Matthäus 9,36).

Die vergessenen Kinder

Nach Angaben der Kindernothilfe Unicef gibt es weltweit mehr als 100 Millionen Straßenkinder, in Lateinamerika etwa 40 Millionen, in Asien 30 Millionen, in Afrika 10 Millionen. In Mexico City schätzt man die Zahl der Straßenkinder im Jahr 2000 auf mehr als 500 000. Straßenkinder sind Kinder ohne Hoffnung und Liebe, Kinder, die unsere Hilfe brauchen.

Was ist das Leben wert?

Schmutzig, abgemagert und erschöpft sitzen sie in den brasilianischen Großstädten vor Geschäften oder an Busbahnhöfen. Mit größter Energie und Hartnäckigkeit versuchen sie, durch Autowaschen oder Schuhputzen das magere Einkommen ihrer Eltern, die in den Armenvierteln am Stadtrand leben, aufzubessern oder sich selbst am Leben zu erhalten. Die Jüngeren strecken ihre kleinen Hände aus und betteln um Brot oder Geld. Ihr flehender Blick erregt meistens noch Mitleid. Die größeren Kinder dagegen werden beschimpft oder verjagt. Ihnen bleibt nur das Stehlen. Die Kinder kämpfen Tag für Tag um das nackte Überleben. Der Stärkere siegt, der Schwächere bleibt auf der Strecke.

Das Schnüffeln von Leim lässt sie für kurze Zeit den Hunger vergessen, aber auf Dauer führt diese Sucht zu einer tödlichen Abhängigkeit. Es schädigt vor allem das Gehirn. Viele Teenager geraten zudem in die Drogenabhängigkeit. Bald sind auch die letzten Verbindungen zu den Eltern abgebrochen. Die Straße wird zur Heimat, denn in der armseligen Hütte der Eltern finden viele weder Nahrung noch Geborgenheit. Auf der Straße dagegen warten Freunde, die Meister sind im Stehlen und ihre Beute mit anderen teilen. Werden sie jedoch von der Polizei geschnappt, ist es aus mit der vermeintlichen Freiheit. In staatlichen Erziehungsheimen, die Gefängnissen gleichen, warten viele Teenager auf ihren Richter. Manche erhalten nie Besuch. Ihre Einsamkeit wächst mit jedem Tag und mit ihr die quälende Frage: »Was ist mein Leben wert? Lohnt es sich überhaupt zu leben?«

In zahlreichen Gesprächen mit solchen Jungen wird mir ihre Verzweiflung und Hoffnungslosigkeit deutlich. Einer von ihnen, Luis, sagte einmal: »Am liebsten würde ich mich umbringen! Ich halte dieses Leben im Gefängnis nicht mehr aus.« – »Du bist nicht allein«, machte ich ihm Mut. »Jesus Christus ist bei dir. Er selbst hat Gefangenschaft durchlitten, Hunger und Einsamkeit. Er versteht dich.« Durch das Lesen in der Bibel und viele Gespräche hat Luis Gottes Liebe erfahren. Er fasste Vertrauen. Wir sangen und beteten zusammen. Hoffnung erfüllte sein Herz, obwohl sich die äußeren Umstände nur wenig verändert hatten.

Isonei studierte die Bibel mit mir im Gefängnis. Als wir über den Tod sprachen, fragte ich ihn: »Isonei, wohin gehst du, wenn du heute sterben würdest?« Die Antwort war kurz und prompt: »In den Himmel, zu Jesus.« Kurze Zeit später wurde er entlassen. Er ging zurück in seinen Heimatort und wurde wenige Tage später erschossen aufgefunden.

Marcelo nahm treu an unseren Gefängnisgottesdiensten teil. Sein Verhalten veränderte sich von Woche zu Woche. Wegen guter Führung erhielt er Wochenendurlaub. Leider ging er in ein gefährliches Drogenviertel von Belém und wurde dort erstochen, als er seinen Freund besuchen wollte.

Noch viele Kinder sitzen hinter Gittern. Wir wünschen uns so, dass diese Jungs im Alter von 10 bis 18 Jahren nach ihrer Freilassung nicht wieder auf der Straße landen. Durch Nahrung, Kleidung und Besuche in ihren Familien, in den Heimen, bei Behörden helfen wir ihnen. Wir versuchen, den Jugendlichen ein neues Zuhause zu schaffen. Durch Freizeiten bieten wir ihnen eine Gelegenheit an, christliche Gemeinschaft zu erleben und Zusammenleben zu praktizieren, gemeinsam zu spielen und dadurch Vertrauen zu gewinnen. So wird Gottes Liebe und Barmherzigkeit für sie konkret.

Elke Döscher
hilft Straßenkindern und Jugendlichen im Gefängnis in Belém, Brasilien.

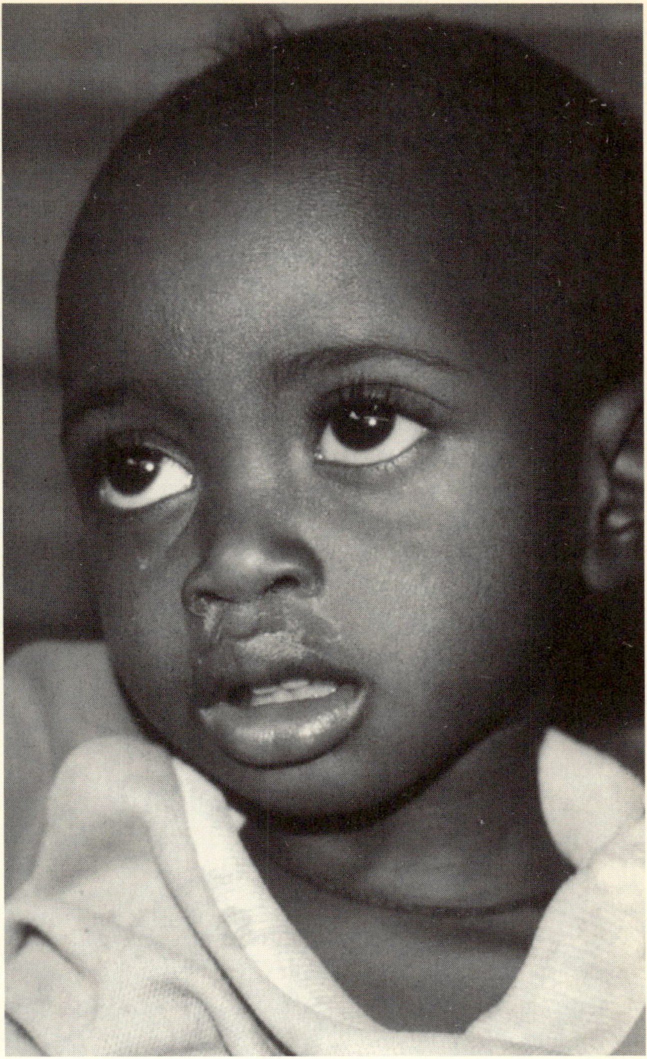

Afrikanisches Waisenkind   Foto: DMG-Archiv

Ein Stück Pappe für die Nacht

André wohnte mit seinen Eltern in einem kleinen brasilianischen Dorf. Sein Vater hatte eine bescheidene Landwirtschaft, die gerade zum Überleben reichte. Oft gab es für André und seine fünf Geschwister nicht genug zu essen. Zur Schule ging er nur ab und zu, da er seinem Vater regelmäßig bei der Arbeit helfen musste.

Manchmal stieg der Zorn in ihm hoch, dass sein Vater so arm war und er nicht einmal ein Fahrrad besaß. Aber er biss die Zähne zusammen und ließ sich nichts anmerken. Mit zwölf Jahren hatte er es satt, immer in geflickten Hosen herumzulaufen. Schon oft hörte er vom Reichtum in den Großstädten Brasiliens und dachte: »Reich müsste man sein! Richtig reich.« Eines Abends fasste er einen Entschluss. Er sprach mit seinem Freund.

»Du, kommst du mit? Wir setzen uns ab.« – »Absetzen? Wohin?«, fragte dieser verblüfft. »Nach Rio oder São Paulo oder wo auch immer. Dort verdienen wir viel Geld und können unsere Eltern und Geschwister unterstützen.«

So machten sich die beiden heimlich aus dem Staub. Als gerade ein Getreidewagen in ihrem Dorf hielt, sprangen die Jungs auf die Ladefläche und versteckten sich zwischen den Maissäcken.

Völlig ausgehungert und müde erreichten sie nach mehreren Tagen São Paulo. Alles war neu und schrecklich aufregend. Am Abend trafen sie vor dem Busbahnhof andere Jungs, die dort bettelten. Großzügig erhielten sie etwas Brot und schliefen auf den Pappkartons der anderen. Aber bereits nach drei Tagen entstand ein Streit unter den Straßenkindern. Eine wilde Schlägerei begann. Erst als die Polizei erschien, flohen die Jungen. André sah gerade noch, wie sein Freund zusammengekrümmt auf der Straße liegen blieb. Was war passiert? Tagelang suchte er ihn. Vergebens. Dann erhielt er die furchtbare Nachricht: Sein Freund war tot. Verblutet.

Das versetzte André einen schweren Schlag. Er fühlte sich schuldig, weil er geflohen war anstatt zu helfen. Um sein schlechtes Gewissen zu beruhigen, fing er an sich zu betrinken und Drogen zu nehmen. Und weil er keine Arbeit fand, begann er zu stehlen. Von Monat zu Monat ging es ihm schlechter. Drei Jahre überlebte er auf der Straße.

Eines Tages fand ich André auf einer Parkbank. Er war völlig abgemagert und krank. »Hast du Hunger?«, fragte ich ihn. André nickte. »Komm mit, ich gebe dir zu essen.« Ohne lange zu zögern, folgte er mir zu einem kleinen Raum, in dem sich schon andere Straßenkinder versammelt hatten. Nachdem sich jeder gestärkt hatte, erzählte ich den Kindern von der Liebe Jesu. André hörte gut zu. Regelmäßig besuchte er mich nun. Aber ach, wie sah er aus! Seine Kleider waren derart schmutzig, dass ihn ein juckender Hautausschlag plagte. Außerdem litt er an einer schweren Grippe mit hohem Fieber. So brachte ich André zum Arzt, und er erhielt gute Medizin.

Viele Fragen brachen in André auf. Über Gott und den Himmel und die Menschen. Lange sprachen wir miteinander. Eines Tages fragte er mich unvermittelt. »Wie kann Jesus mein Freund werden?« – »Du musst ihn bitten, in dein Herz zu kommen«, erklärte ich ihm. »Sag ihm alles Böse, das du getan hast, und bitte ihn, dir zu vergeben.« Noch am gleichen Tag schloss André Freundschaft mit Jesus. Laut betete er: »Jesus, hier hast du mein Leben. Ich möchte dein Freund sein. Aber – eigentlich passen wir gar nicht zusammen. Du bist so gut und ich so schlecht. Ich habe gestohlen, gelogen, mich betrunken, Rauschgift genommen. Ich bin von zu Hause fortgelaufen. Ach Jesus, wenn du mich trotzdem lieb hast, dann will ich dir folgen. Du sollst über mein Leben bestimmen.«

Nun wusste André, dass er ein Freund Jesu geworden war, ein Kind seines himmlischen Vaters. Wie froh und erleichtert fühlte er sich. Aber seine Freunde, die Kinder auf der Straße, die lachten ihn aus. »Angsthase, Feigling!«, riefen sie. War das noch derselbe André, den sie kannten, dem immer neue Streiche einfielen? Nein, dieser André passte nicht mehr zu ihnen. Er wehrte sich, mit ihnen Schnaps zu trinken und machte nicht mehr mit, wenn sie einen Einbruch planten.

Verzweifelt suchte ich nach einem Heimplatz für André. Aber es gab keinen. So nahm ich ihn mit in meine Wohnung. Zuerst duschte er. Er jubelte, als er sich zum ersten Mal seit Monaten mit Seife waschen konnte. Seine Kleider warfen wir in den Müll, und er erhielt saubere Sachen. André strahlte: »Jetzt hat der Herr Jesus mich innerlich und äußerlich sauber gemacht. Alles ist neu.« Mit großer Freude lernte André aus der Bibel. Auch von Drogen wurde er frei. Aber irgend etwas plagte ihn noch. Das merkte ich ihm an.

Eines Abends, bevor er sein Nachtgebet sprach, ballte er zornig die Faust und sagte erregt: »Ich muss ihn finden. Und dann bringe ich ihn um.« – »Wen, André? Wen willst du umbringen?«, fragte ich entsetzt. »Den Mörder meines Freundes. Ich muss ihn rächen. Aber – was sagt Jesus wohl dazu? Eine Stimme flüstert mir ein: Töte ihn! Und die andere sagt: Du sollst nicht töten. Oh hilf mir doch! Was kann ich tun?«

»Weißt du«, begann ich zu erzählen, »heute machte ich einen Besuch in der Jugendstrafanstalt.« André horchte auf. »Da traf ich einen Jungen, kaum älter als du, hinter Schloss und Riegel, in Lumpen gehüllt, mit den traurigsten Augen, die ich je gesehen habe. Ein Mörder.« André rückte näher zu mir. »Meinst du, dass er es war?« – »Ich weiß es nicht. Es gibt so viele Jungs in unserer Stadt, die die Not zu Mördern gemacht hat. Du kennst dich da besser aus als ich. Findest du nicht, dass dieser Junge genug gestraft ist?«

André wurde still. Für einen Augenblick fühlte er sich zurückversetzt auf die Straße. Hunger, Drogen, Alkohol, Schlägereien, ein Stück Pappe für die Nacht. Und jetzt? Wie gut ging es ihm nun, unverdient gut! Und die anderen? Plötzlich schien André wie umgewandelt. »Gehst du wieder zu ihm?« – »Ja, warum fragst du?« – »Bringst du ihm etwas mit?« – »Wie meinst du das?« André überlegte. »Bestimmt hat er Hunger. Ich glaube, er würde sich freuen über weiße Brötchen und Bananen. Und – eine Bibel.« – »Eine Bibel?« Stockend kam es aus André heraus. »Ja, dieser Junge soll wissen, dass Jesus ihn lieb hat.« Es verschlug mir fast die Sprache. »André, was hat dich so verändert? Erst willst du ihn umbringen und jetzt?« – »Ach weißt du, ich dachte, was würde Jesus wohl für den Jungen in der Jugendstrafanstalt tun? Bestimmt würde er ihm zeigen, irgendwie, dass er ihn lieb hat. Meinst du nicht auch?«

Wenig später war André eingeschlafen. Draußen auf der Straße lärmten Menschen, hupten Autos, schliefen Kinder auf Pappkartons. Wie lange noch?

Elke Döscher

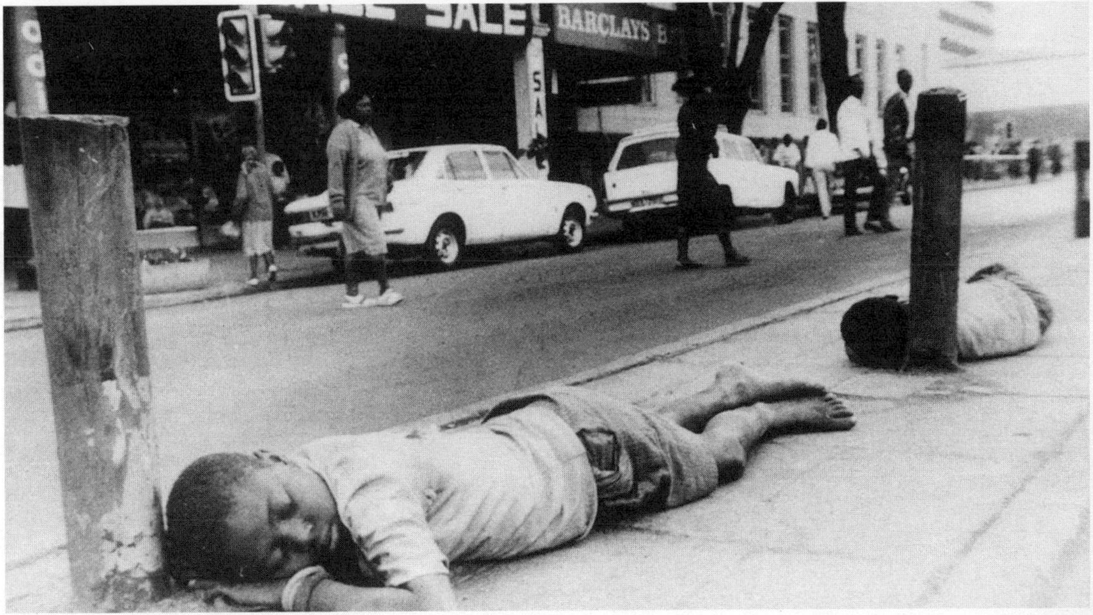

Straßenkinder Foto: DMG-Archiv

Heimat für Straßenkinder

Interview mit Missionarin Renate Bieler

Bei Brasilien denkt man an Fußball, an endlosen Regenwald, an eine aufstrebende Industrienation. Aber gibt es nicht auch ein anderes Gesicht?

Ja, zum Beispiel das Elend der Straßenkinder in den großen Metropolen dieses Landes. Mitten im Getümmel der Stadt leben Kinder, die Müllkörbe durchstöbern oder teilnahmslos auf einem Pappkarton sitzen. Menschen gehen vorüber. Sie haben sich längst an das Elend gewöhnt.

Was hast du beim Anblick dieser Kinder gedacht, als du nach Brasilien kamst?

Ich war betroffen. »Kann man die Augen vor der Not verschließen?«, dachte ich. Immer mehr entstand der Wunsch, diesen Kindern zu helfen. Seit fünf Jahren arbeite ich nun in einem Heim für Straßenkinder. So kann ich vielen Kindern helfen. Sicher ist es nur ein Tropfen auf den heißen Stein, aber ich denke, es ist Gottes Auftrag, sich dieser Kinder anzunehmen und sie Gottes Liebe spüren zu lassen. In Matthäus 25, 40 sagt Jesus: »Was ihr getan habt einem von diesen meinen geringsten Brüdern, das habt ihr mir getan.«

Was hat dich besonders betroffen gemacht an der Situation der Kinder?

Es gibt so viele verlassene, verwaiste, verstoßene Kinder, und man kann nur wenig helfen. Wie soll man mit diesem Problem umgehen? Einzelne werden in Heime vermittelt, in denen aber oft geeignete Mitarbeiter fehlen. Es gibt leider noch viel zu wenig gute Kinderheime, die auch auf die Probleme der Kinder eingehen.

Was macht dir besonders Freude?

Zu sehen, was Gott aus einem absolut verwahrlosten Kind machen kann. Das erinnert mich an einen schönen, bunten Schmetterling, der aus einem grauen, unauffälligen Kokon schlüpft. Da ist ein Kind, das nicht mehr lachen kann, weil es so viel Schweres erlebt hat. Auf einmal beginnt es zu lachen. Es sucht Nähe und spielt fröhlich mit anderen. Das ist jedes Mal ein Wunder.

Warum ist es dir wichtig, die Straßenkinder auf Jesus hinzuweisen?

Ich denke, dass diese Kinder nur durch Gottes Liebe Heilung ihrer seelischen Verletzungen erleben können. Ich möchte, dass sie Jesus kennen lernen, der die einzige beständige Hilfe für sie sein kann. Straßenkinder sind oft einsam und brauchen die Gewissheit, dass sie jemand bedingungslos liebt. Für viele ist es das größte Geschenk, dass jemand für sie da ist.

Was hat es für Auswirkungen, wenn Straßenkinder mit Jesus in Berührung kommen?

Da fällt mir ein Junge ein. Er musste zusehen, wie seine Mutter ermordet wurde. Von da an hasste er Gott und die Welt. Als dieses Kind von der Liebe Gottes erfuhr, veränderte sich sein Leben. Er fasste wieder Vertrauen und begann, aus seiner Vergangenheit zu erzählen – der erste Schritt zur inneren Heilung. Viele Straßenkinder werden missbraucht. Auch sie lernen, in rechter Weise mit diesen Erlebnissen umzugehen und den Schmerz im Gebet an Jesus abzugeben. Da geschehen Veränderungen, die menschlich gesehen kaum nachvollziehbar sind. Straßenkinder lernen neue Werte kennen, sie hören auf zu stehlen und zu lügen, weil sie die Botschaft der Bibel erfassen.

Wie sieht euer Heim für Straßenkinder aus?

Wir haben fünf Häuser mit je zehn Kindern und einer Hausmutter. Sie koordiniert den Tagesablauf der Kinder und muss ihnen ganz alltägliche Dinge beibringen, wie das Zähneputzen oder ordentlich am Tisch zu sitzen. In vier Häusern leben Kinder und Teenager. Eines der Häuser ist mit Jugendlichen belegt, die dort lernen, ihren Alltag selbstständig zu bewältigen, bevor sie dann mit etwa 20 Jahren das Heim verlassen. In der Regel haben sie bis dahin eine abgeschlossene Schulausbildung und einen Arbeitsplatz.

Lohnt sich dieser Einsatz für Jesus und die vergessenen Kinder unserer Welt?

Auf jeden Fall! Übrigens, ich gebe nicht nur, ich gewinne auch sehr viel durch all die Begegnungen und die kleinen Alltagswunder, die ich mit den Kindern erlebe.

Was bedeutet dir Jesus persönlich?

Ich bin in meinem Leben durch viel Not gegangen. Drei meiner Kinder starben, bevor sie das erste Lebensjahr erreichten. Ein Kind erhielt uns Gott. Kurze Zeit nachdem wir unser drittes Kind zu Grabe getragen hatten, erkrankte mein Mann an Krebs und starb. So stand ich mit 30 Jahren als Witwe da, die ihren Mann und drei Kinder verloren hat. In dieser Zeit wurde Jesus mir zum Beistand, zum Trost, ja, die wichtigste Person in meinem Leben. Er ist mein Freund und Fürsprecher beim Vater, mein Helfer, zu dem ich immer kommen kann mit all meinen Ängsten und Sorgen. Er nahm meine ganze Schuld auf sich und starb am Kreuz dafür. Ohne Jesus könnte ich mir mein Leben nicht vorstellen. Das will ich auch »meinen« Kindern weitersagen.

Renate Bieler
arbeitete in einem Kinderheim für ehemalige Straßenkinder in São Paulo/Brasilien. In Zukunft wird sie aidskranke Kinder betreuen.

Existenzkampf im Slum

Ein barfüßiger Junge bahnt sich den Weg durch die Autoschlange auf der Kenyatta Avenue, der Hauptgeschäftsstraße in Nairobi. Die zerschlissenen Lumpen, mit einem Strick um die Hüfte gehalten, können den hageren Körper kaum vor der Kühle des regnerischen Morgens schützen. Unermüdlich klopft er an die Autoscheiben. Doch nur selten erbarmt sich jemand und legt eine Münze in die ausgestreckte Hand. Für die meisten scheint der Kleine gar nicht zu existieren. Sie ignorieren ihn wie eine lästige Fliege. Immer wieder greift er nach der Flasche, die um seinen Hals hängt. Sie ist mit braunem Schusterleim gefüllt. Er inhaliert. Seine glasigen Augen und der starre Blick sind ein Zeichen der Abhängigkeit von dem Lösungsmittel im Leim. Es betäubt und lässt Hunger und Frust vergessen.

Der Junge gehört zu Davids Familie. David und seine zwölf Geschwister hausen in einem winzigen Raum, zwei mal zwei Meter, im Mathare-Slum. Der Vater hatte vor einigen Jahren die Mutter verlassen. Wie so viele verstoßene Frauen musste die Mutter den Unterhalt für ihre Familie durch Prostitution verdienen. Schließlich ließ sie die Kinder im Stich. So hatte David, der Älteste, ab seinem 15. Lebensjahr für seine Geschwister zu sorgen. Er verließ die Schule, um als Wasserträger zu arbeiten und verdiente umgerechnet zwei Mark pro Tag. Zwei Schwestern gingen »anschaffen«. Sie bekamen im Laufe der Zeit drei Kinder, die mit im Elendsquartier hausten. Es war David einfach unmöglich, diese Schar zu versorgen. Alle mussten betteln und stehlen. In ihrer Verzweiflung füllten sie ihre Mägen oft mit Abfällen aus den Mülltonnen der Stadt.

Früher nur vereinzelt anzutreffen, gehören Straßenkinder heute zum kenianischen Stadtbild. Landesweit wird ihre Zahl auf rund 50 000 geschätzt. 10 000 bis 20 000 sollen allein in Nairobi leben. Als Parkplatz-Wächter versuchen manche ein paar Schillinge zu verdienen. Andere betätigen sich als Diebe und Bettler, besonders an Plätzen, wo sich Touristen aufhalten. Am Abend kauern sie sich um ein Feuer aus Autoreifen und Abfall, um später unter Plastikfolien zu schlafen.

Warum leben immer mehr Kinder auf der Straße? Es gibt vielfältige Gründe. Da ist die Landflucht, die viele vom Land in die Städte zieht. Sie erhoffen sich ein besseres Einkommen und günstigere Lebensumstände. Das führt oft zum Zerbruch der traditionellen Familienbande. Die Heranwachsenden in den Elendsvierteln der Städte kennen die Geborgenheit der afrikanischen Großfamilie nicht mehr. Sie leiden unter dem zerrütteten Elternhaus und den miserablen Lebensbedingungen im Slum. Viele ziehen darum ein Leben auf der Straße vor. Auch die Zahl der Aids-Waisen steigt erschreckend.

Zu den traurigen Realitäten des Lebens in der kenianischen Hauptstadt Nairobi gehört auch die brutale Praxis der Lynchjustiz. Täglich berichten Zeitungen darüber.

Einmal wurde ein Straßenjunge beim Stehlen erwischt. Die aufgebrachte Menschenmenge schlug ihn so erbarmungslos, dass er noch direkt am Tatort starb. Nicht selten werden Unschuldige zu Opfern dieser Schnelljustiz. Polizisten, die sich am Schauplatz befinden, lassen die Menge oft einfach gewähren oder schreiten zumindest nicht energisch genug dagegen ein. Schon manches

Straßenkind hat auf diese Weise einen Verzweiflungsdiebstahl mit dem Leben bezahlt. Aber wer fragt danach, wenn ein Straßenkind stirbt?

Auch Simon wurde Opfer dieser grausamen Lynchjustiz. Er hatte mehrere Jahre in unserem Heim für ehemalige Straßenkinder im Mathare-Slum gelebt. Da er sich im Kinderheim positiv verändert hatte, durfte er zu seiner Mutter in eine kleine Hütte im Slum zurückkehren. Leider kam Simon dort wieder unter den schlechten Einfluss von älteren Straßenkindern. Sie überredeten ihn, bei Diebstählen mitzumachen. Bei einem Taschendiebstahl wurde Simon erwischt. Die zornige Menschenmenge schlug so brutal auf ihn ein, dass er später im Krankenhaus starb. Simon hatte viel von Jesus gehört und wollte ihm nachfolgen. Wie tragisch, dass sein Leben so ein Ende nahm!

Simons Schicksal macht uns bewusst, welche Schwierigkeiten bei der Rehabilitierung von Straßenkindern zu überwinden sind. Wie wichtig ist es, gerade für diese Kinder zu beten und mit ihnen im Kontakt zu stehen, damit sie auf dem eingeschlagenen Weg mit Jesus bleiben und sich nicht wieder in das alte Leben der Sünde zurückziehen lassen.

Elisabeth und Martin Weiß
betreuen in den Slums von Nairobi/Kenia ein Straßenkinder-Heim
und sind in der theologischen Ausbildung
für interessierte Christen tätig.

9.

In Gott geborgen

»Und ob ich schon wanderte im finstern Tal, fürchte ich kein Unglück, denn du bist bei mir, dein Stecken und Stab trösten mich« (Psalm 23,4).

Und die Welt schweigt

Sie haben mein Land zerstört und verkauft.
Sie haben mein Volk getötet, meine Schwestern und Freunde.
Meine Kinder sterben. Mein Vater wurde umgebracht.
Alle meine Brüder wurden ermordet. Mitleidlos.
In Verzweiflung klammere ich mich an mein Leben.
Kannst du mir Antwort geben?
Ich bin gefangen in einem Netz des Horrors,
verloren in einer Welt des Terrors,
Tod und Finsternis ist nah, Verzweiflung und Angst.
Die Welt ist in Schweigen, Kälte und Finsternis gehüllt.
Hört niemand mein Klagen, teilt niemand mein schreckliches Leiden?

Gedicht einer Frau aus einem Kriegsgebiet

Mädchen aus Zentralasien Foto: DMG-Archiv

Rückkehr ins Krisengebiet

Kriege, Unruhen, Leid und Tod. Täglich erreichen uns Schreckensmeldungen aus aller Welt. Wir hören von Menschen, die in Verfolgung oder in politisch motivierten Massakern ihr Leben gelassen haben. Andere sind auf der Flucht. Das trifft auch Missionare. Und es traf auch uns.

Genau einen Tag bevor es zu blutigen Kämpfen in unserer Stadt kam und die Grenzen geschlossen wurden, konnten wir unser Einsatzland verlassen. Sobald es ruhiger wurde, kehrten wir zurück. Oft werden wir gefragt: »Wie könnt ihr mit drei kleinen Kindern in ein Krisengebiet gehen, ist das nicht viel zu unsicher und gefährlich?« Diese Fragen lösen bei uns unterschiedliche Gedanken und Gefühle aus. Innerer Friede und Vorfreude auf die Rückkehr wechseln mit Unsicherheit und Anspannung. Oft erinnere ich mich an einen Artikel, den ich einmal las: »Wenn wir wissen, dass wir durch Jesus alles gewonnen haben, dann können wir auch alles für ihn riskieren. Die Frage ist nicht: Werde ich es schaffen, durch diese schwierige Situation hindurchzukommen? Werde ich aus dieser Gefahr gerettet?, sondern: Wenn Gott mir ein Morgen gibt, wie werde ich den heutigen Tag nutzen, um ihm zu dienen? Jesus wich der Gefahr und dem Leid nicht aus, nein, er opferte sein Leben für die Verlorenheit der Welt. Was wäre passiert, wenn die Jünger immer nur versucht hätten, äußere Unsicherheiten zu vermeiden?«

Was bedeutet Sicherheit für uns ganz persönlich? Drei Jahre haben wir in einem Land mit Menschen zusammengelebt, von denen die meisten Besitz und Zukunftshoffnung verloren haben. Das hat uns hautnah und praktisch gezeigt, wie wenig zuverlässig äußere Sicherheiten sind, wenn es hart auf hart kommt. Im zentralasiatischen Kulturkreis ist Sicherheit nicht definiert durch das, was ich besitze. Beziehungen in der Familie und zu einflussreichen Personen vermitteln Sicherheit. Nun können mächtige Menschen schnell wechseln, aber die Beziehungen zu dem Mächtigsten, zu Jesus Christus, ist unerschütterlich.

Heißt das nun, dass uns unsere Beziehung zu Jesus totale Sicherheit vor Gefahren verspricht? Wegen unserer Kinder arbeiten wir nicht in Gebieten, in denen aktiv gekämpft wird und erleben deshalb nicht die Kampfhandlungen selbst, aber die Auswirkungen davon: Flüchtlingselend, Hunger und Hoffnungslosigkeit.

Wir können von Gottes Schutz berichten, der da war, wenn wir ihn brauchten. Aber was ist göttlicher Schutz? Es stimmt, dass viele aus unserem Team erstaunliche Berichte geben können, wie sie Gefahren knapp entronnen sind. Doch wir wissen auch um Menschen, die nicht bewahrt blieben, so ein befreundetes Ehepaar. Eines Nachts wurde es im eigenen Haus grausam ermordet.

Eine Mitarbeiterin erinnerte sich an ihre Reaktion damals: »Ich wollte Psalm 91 aus der Bibel herausreißen, weil dort steht: *›Es wird dir kein Übel begegnen, und keine Plage wird sich deinem Haus nahen‹ (Ps 91,10).* Für einige Jahre verließ sie das Land, weil sie nicht mit dem Geschehen fertig wurde. Sie schreibt: »Ich war verzweifelt und verbittert über Gott, bis ich selbst mit einer Lebererkrankung sterbend im Krankenhaus lag. Die Ärzte sagten:

›Wir können nichts mehr für Sie tun.‹ Ich musste mich von meinem Ehemann und den Kindern verabschieden. In der Mitte jener Nacht sprach Jesus zu mir:

›Hier bist du jetzt, in Amerika, wo alles sicher ist, wo man in Krankenhäusern die neueste Technologie hat – und dennoch siehst du dem Tod ins Auge. Wann willst du mir endlich vertrauen?‹ Das war der Wendepunkt für mich. Ich hatte nicht mehr glauben können, dass Gott gut war, weil so furchtbare Dinge geschahen. Aber jetzt verstand ich, dass er dem ermordeten Ehepaar vor ihrem Tod wohl näher war, als ich ihn jetzt verspürte. Ich musste lernen, dass wir uns auf Jesus verlassen können. Er sagt uns zu, dass er bei uns ist, was immer auch passiert. Die Kernfrage für mich wurde: Was ist Sicherheit? Ist es Sicherheit vor physischen, äußeren Gefahren oder geht es nicht viel mehr um die ewige Sicherheit? Es braucht nicht viel, um in eine gefährliche Situation zu geraten, aber ich weiß, dass Jesus genau meint, was er sagt, wenn er verspricht: *›Ich werde dich nie, niemals verlassen.‹«*

Die Gedanken dieser Frau drücken viel von unseren eigenen Empfindungen aus: Gott hat durch den Glauben an Jesus unter uns ein Sicherheitsnetz gespannt. Es kann uns letztlich nichts passieren, das uns von Jesus trennen und unsere Existenz zerstören könnte, selbst der Tod nicht. Wir wissen, dass es niemals eine Situation geben kann, in der Jesus uns alleine lassen wird, selbst wenn ich mich verlassen fühle. Wir wissen, dass wir durch das Gebet Zugang haben zu den unendlichen Ressourcen Gottes. Das macht uns Mut, unser Leben ganz für Jesus zu leben.

Familie von Blumröder
steht in der medizinischen Arbeit in Zentralasien.
In Flüchtlingslagern war das Ehepaar für viele Menschen eine große Hilfe.

Auf der Suche nach einer Mutter

Vor mir liegt eine schwer kranke Frau. Ihr Körper besteht nur noch aus Haut und Knochen. Neben ihr ein kleines Kind, das unaufhörlich weint. Beide sehen sehr vernachlässigt aus. Ich bin erschrocken. Wo sind die Angehörigen? Normalerweise ist ein Patient von seiner Familie umgeben.

Zunächst wende ich mich dem Kind zu. Wie alt mag es sein? Ein Jahr oder mehr? Obwohl es sich kräftig wehrt, gebe ich ihm etwas zu essen. Ich wasche es und ziehe ihm frische Kleider an. Dann binde ich es mir nach traditioneller Weise auf den Rücken und rede behutsam mit ihm. Langsam beruhigt sich das Mädchen. Mit der Zeit erfahre ich bruchstückhaft die Geschichte der kranken Frau. Ihr Mann hat sie während der Schwangerschaft verlassen. Er ging auf Goldsuche und kam dabei ums Leben. Unterdessen hatte die junge Mutter ihre kleine Tochter entbunden. Wie lange jene schon krank ist, erfahre ich nicht. Im Flüsterton berichtet die Frau, man habe sie mit dem Buschtaxi 80 Kilometer weit hergebracht und bei unserer Poliklinik abgesetzt.

Dies traurige Lebensschicksal berührt mich und fordert mich zum Handeln heraus. Die Frau ist dem Tode nahe. Ich gebe ihr Wasser, Brei und Medikamente. Nach einer Ruhepause wasche ich sie und ziehe ihr frische Kleider an. Ich bette sie bequem und bete für sie. »Wie heißt denn dein Töchterlein?«, frage ich. Mit letzter Kraft haucht sie den Namen »Hawa«. Am Abend stirbt die junge Mutter. Hawa schläft ruhig auf meinem Rücken. Welch eine Tragik! Keine Angehörigen tragen

Leid, keine Freunde weinen, keiner scheint sie zu vermissen. Was wird mit Hawa geschehen? Die Idee der Adoption gibt es in unserer Gegend nicht. Da erinnert mich Gott, dass er sich besonders um Waisen kümmern will. Ich befehle die kleine Hawa in Gottes Hände.

In den darauf folgenden Tagen bemüht sich unser Bürgermeister, Familienangehörige der verstorbenen Frau ausfindig zu machen. Ohne Erfolg. Immer wieder bitte ich den himmlischen Vater für Hawa und ihre Zukunft. Da geschieht das Wunder: Gegen alle traditionellen Richtlinien interessiert sich eine ältere Frau für das Kind. Eines Nachmittags kommt sie zu mir und sagt: »Ich sehe, wie sehr du dich für Hawa einsetzt. Du hast um ihre verstorbene Mutter geweint. Ja, geweint hast du. Ich hörte, dass der Bürgermeister die Angehörigen nicht finden kann. Das ist traurig. Sehr traurig. Weißt du, Schwester, du tust alles im Namen Jesu. Aber du hast zu viel Arbeit. Du kannst Hawa nicht aufnehmen. Schenke sie mir doch. Ich will für sie sorgen.«

In mir wurde es warm. Und das kam nicht von der Hitze des Tages. Unendlich glücklich und dankbar war ich. Inzwischen ist ein sehr herzliches Verhältnis zwischen Hawa und ihrer neuen Mutter Laalu gewachsen. Die Kleine hat sich prächtig erholt. Was wünschte ich mehr, als dass Hawa und Laalu eines Tages Jesus Christus als ihren Erlöser und Herrn annehmen.

Erika Keller
arbeitet als Missionsschwester unter den Fulanis in Burkina Faso.

Kind aus Burkina Faso   Foto: E. Keller

Ich weinte, dass ich keine Schuhe hatte,
bis ich einen sah, der keine Füße hatte.
H. Keller

Weihnachten ist jeden Tag

Es ist Weihnachten. Mein erstes Weihnachten im fremden Land Äthiopien. Gedankenversunken stehe ich am Fenster meines kleinen Hauses und schaue auf die mit Raureif bedeckten Wiesen. Was gäbe ich darum, jetzt daheim zu sein! Die festlich geschmückten Straßen, der Duft von Lebkuchen und Tannengrün, die Eltern, Freunde! Alles ist so anders in diesem Land. Aus jedem Winkel sieht mich die Not und das Elend an. Schonungslos. Durch die Hütten der Leute hier hoch in den Bergen pfeift ein eiskalter Wind. Kein Platz für Weihnachtsschmuck und Plätzchen. Es geht ums Überleben.

Ein Gefühl der Verlassenheit überfällt mich. Selbst mein goldener Stern am Fenster vermag mich nicht in Weihnachtsstimmung zu versetzen. Plötzlich höre ich es singen. Eine helle Kinderstimme. »Gott ist die Liebe, lässt mich erlösen. Gott ist die Liebe, er liebt auch mich.« Im nächsten Augenblick springt ein kleiner Junge, barfuß, nur mit einem dünnen Hemd und einer kurzen Hose bekleidet, über das kalte Gras. Ein paar Schafe treibt er vor sich her. »Das ist doch Ali«, denke ich, »der Kleine, der erst vor wenigen Wochen mit schwerer Lepra zu uns kam. Und nun singt er von der Liebe Gottes, dass es laut durch das ganze Tal schallt. Wie kann er das! Und ich? Ich habe ein warmes Zimmer, bin gesund und satt und sehe die Liebe Gottes nicht.«

Als er die dritte Strophe gesungen hat, holt mich die ganze große Liebe Gottes ein.

Schnell rufe ich Ali zu mir. Ich muss ihm danken für sein Lied. Mitten ins Herz hat er's mir gesungen. Scheu blicken mich seine großen, schwarzen Augen an. »Ali, wie weißt du, dass Gott dich lieb hat?« Er zögert, sucht nach Worten. Ich blicke in sein von Lepra gezeichnetes Gesicht, auf die viel zu dünnen Beinchen. Dann schießt es aus ihm heraus. »Weißt du das nicht? Weihnachten sagt es uns doch!«

Beschämt nicke ich und nehme den Kleinen fest in meine Arme. »Du hast recht, Ali. Du hast Weihnachten verstanden. Weihnachten sagt uns, dass Gott uns lieb hat, denn er hat das Liebste für uns gegeben, Jesus.«

Während er beglückt ein Stück Kuchen verschlingt, hole ich einen meiner warmen Pullover aus dem Schrank. Strahlend zieht er ihn über sein Hemd. Wie lustig sieht der kleine Kerl darin aus! Viel zu groß ist er ihm. Aber was macht das schon! Fröhlich springt er davon, um die Schafe wieder einzufangen. »Kommst du auch in die Kirche heute Nachmittag? Da spielen wir die Weihnachtsgeschichte«, ruft er mir zu. Und schon singt er es wieder – noch lauter und froher – das Lied von der Liebe Gottes.

Nun wird es auch in mir Weihnachten. Bethlehem ist überall und Weihnachten ist jeden Tag. Alles kommt darauf an, dass ich mich von der Liebe Gottes finden lasse.

Evelyn Herm
arbeitete acht Jahre als Missionsschwester in Äthiopien, bevor sie den Witwer Bruno Herm heiratete und Mutter von sieben Kindern wurde.

Weihnachten im Indianerdorf

Schon viele Monate freuten wir uns auf das Weihnachtsfest. Endlich wieder bei den Eltern sein! Meine Schwester Andrea und ich gingen in eine Missionsschule, weit entfernt von unseren Eltern.

Eine ganz besondere Freude waren uns die Weihnachtsferien zu Hause. So wie der Nikolaus in einem Märchen zu Weihnachten mit einem Rentierschlitten aus den Wolken die Erde besucht, so kamen wir zu Weihnachten aus den Wolken, nur mit einem Flugzeug. Und wir gingen nicht wie der Nikolaus über schneebedecktes winterliches Land, um die Kinder zu beschenken, sondern der kleine Cessna-Flieger flog über endlose Urwälder und brachte uns als Weihnachtsbescherung zu unseren Eltern.

Unsere Eltern sind Missionare. Sie wohnen in einem Dorf mitten im brasilianischen Urwald bei den Madiha-Indianern.

In der Weihnachtszeit war es hier im Urwald extrem heiß, aber im See vor unserem Haus konnten wir uns abkühlen und schwimmen gehen.

Wenn wir zu Hause ankamen, war unser kleiner Plastik-Tannenbaum schon aufgestellt. Noch lagen keine Geschenke unter dem Baum, aber manche Weihnachtskarten waren schon aufgestellt, die wir von Freunden und Verwandten aus aller Welt erhielten. Auch ich brachte immer Post aus der großen Stadt Manaus mit, wo ich zur Schule ging. Manchmal sogar eine große Schachtel Nürnberger Lebkuchen von der Tante oder Kassetten aus Deutschland. Über jeden Gruß aus der Ferne freuten wir uns riesig.

Einmal kaufte ich Christbaumschmuck und brachte ihn in meinem Koffer mit. Damit schmückten wir den Baum und das ganze Wohnzimmer. Die großen, bunten Kugeln gefielen uns am besten, denn man konnte sich darin spiegeln. Das sah lustig aus. Wir hatten schrecklich platte Nasen und dicke Backen.

Das Schönste an den Weihnachtstagen war immer der Heiligabend. Heimlich machte ich meinen Koffer auf und packte die Geschenke für unsere Familie aus, die ich schon Wochen zuvor besorgt hatte. Oft brachte ich Schokoladenbonbons mit, musste sie aber gleich in den Kühlschrank legen, weil sie sonst von winzig kleinen Ameisen aufgenascht wurden. Schokolade war bei uns im Urwald etwas ganz Besonderes. Dann zündeten wir die Kerzen an unserer Weihnachtspyramide an. Wir lasen die Weihnachtsgeschichte, sangen Lieder und hörten das Festprogramm der Deutschen Welle. Anschließend wurden die Geschenke ausgepackt. Mir kamen fast immer die Tränen, wenn ich mich nach jedem Geschenk bei meinen Eltern bedankte. Mit wie viel Liebe hatten sie alles ausgesucht! Dann dachte ich an die Zeit, die ich wieder so lange im Internat verbringen musste, weit entfernt von zu Hause.

Bis spät in die Nacht saßen wir zusammen, aßen Plätzchen, Stollen und Lebkuchen und hörten deutsche Weihnachtslieder. Am 25. Dezember feierten wir Weihnachten mit den Indianer-Christen.

Viel zu schnell gingen die Weihnachtsferien vorbei. Das grüne Plastikbäumchen stand immer noch in unserer Wohnzimmerecke, bis das weißrote Flugzeug uns Ende Januar wieder zur Schule abholte. Ich glaube, das Bäumchen war genauso traurig wie wir. Ein Jahr lang würde es nun in einem dunklen Fass verbringen, bis wir wieder zusammen Weihnachten feierten. Wie gut, dass Jesus, die Hauptsache am Weihnachtsfest, mit uns ging durch das ganze Jahr. Er würde uns trösten, wenn wir traurig waren und uns nach den Eltern sehnten, uns helfen, wenn es in der Schule Probleme gab. Keinen Tag im Jahr würde er uns allein lassen.

Die kleine Cessna hob vom Boden ab. Ein letztes Winken. Tränen. In sechs Monaten würden wir uns wieder sehen. Eine lange Zeit. Viel zu lang …

Johannes Stölting
Seine Eltern Joachim und Elizenaide Stölting arbeiten unter den Madiha-Indianern in Nord-Westbrasilien.

Aids – die Seuche des 20. Jahrhunderts

Innerhalb weniger Jahre hat Aids jedes Land der Welt erreicht und breitet sich erschreckend aus. Während 1999 rund 200 000 Menschen in Afrika an den Folgen von Krieg und Katastrophen ums Leben kamen, starben 2 Millionen an der Krankheit Aids. In einigen Ländern Afrikas sind gebietsweise bis zu zwanzig Prozent der Gesamtbevölkerung HIV-infiziert. Allein in Tansania mit 11 Millionen Einwohnern gibt es bereits 1 Million Aidswaisen.

Aids-Kranke leben am Rande der Gesellschaft. Und nicht nur sie leiden, auch ihre Familien. Viele Organisationen, darunter auch etliche christliche, haben Aids den Kampf angesagt. Medizinisches Pflegepersonal des christlichen Krankenhauses in Harare/Simbabwe versucht, die Bevölkerung durch Aufklärung auf die Gefahren von Aids und vorbeugende Maßnahmen hinzuweisen. Sie geben Aidskranken medizinische und seelsorgerliche Hilfe in ihren Hütten und im Krankenhaus.

An manchen Tagen

An manchen Tagen hasse ich diese Krankheit – Aids.
Ich hasse sie am Montag,
wenn ich Visite mache, Bett an Bett ausgemergelte Körper sehe,
von Husten geschüttelt, schreiend nach Hilfe.

Ich hasse sie am Dienstag,
wenn ich Geld suche für Medikamente,
die ausgegangen sind.

Ich hasse sie am Mittwoch,
wenn wieder eine Operation anfällt,
weil die Infektion siegte über das geschwächte Immunsystem.

Ich hasse sie am Donnerstag,
wenn die Bank in der Ambulanz voll ist mit ausgezehrten Kranken,
straffe Haut über Schädeln mit nässenden Wunden.

Ich hasse sie am Freitag,
wenn ich eine aidskranke Mitarbeiterin besuche
und die Angst bei einer anderen höre: »Ich bin treu, aber mein Mann nicht.«

Ich hasse sie am Samstag,
wenn Tandi stirbt. Tandi, nur sechs Jahre alt,
voller Warzen und Husten und Schmerz und zu klein
und zu dünn und jetzt tot.
Tandi, die den Kampf verlor, und Nyasha, acht, die noch kämpft,
und Aaron, sechs, der bald sterben wird.

Ich hasse die, die sie infizieren mit dem Virus.
War es ein untreuer Vater, der die Mutter ansteckte,
eine Mutter, die das Virus vom Liebhaber empfing,
oder ein Verwandter, der das Kind missbrauchte?
Ich hasse sie alle an manchen Tagen.

An manchen Tagen ist es mir egal, wer kommt.
Noch ein Sterbefall –
wir können ja doch nicht helfen. Sie hätten anders leben sollen –
merken sie zu spät. Ein Toter ist einfach nur ein weiterer Toter,
ich habe keine Tränen mehr für Verwandte, die Waisen,
und ich hasse mich selbst für den Mangel an Mitleid –
an manchen Tagen.

An Sonntagen hasse ich diese Krankheit, die Leben und Freude raubt,
die Waisen alleine lässt und Großmütter verzweifelnd,
und Witwen verhungernd und Kinder sterbend.
Und ich frage mich, wo Gott ist, der doch das alles ändern könnte
mit einem seiner mächtigen Worte.
Und dann klage ich auch ihn an, an manchen Tagen. Sonntagen.

An manchen Tagen träume ich davon, alt zu sein und weise,
von meinem Schaukelstuhl einer jungen Kollegin von den Tagen zu erzählen,
als Aids eine Heimsuchung war ohne Heilung.
Und ich sehe ihre Augen ungläubig staunen,
so wie ich meine, als ich von Syphilis hörte ohne Antibiotika.
Aber ich weiß, dass nach Aids eine andere Krankheit kommen wird,
furchtbar, zerstörend, tötend, mit furchtbarem Leid. Eines Tages.

An manchen Tagen träume ich von einem Tag, wenn alles Leiden vergeht,
keine Tränen mehr, keine Schmerzen, keine Trauer, keine Waisen,
keine Einsamkeit, kein Tod. Und ich weiß, dass dieser Tag kommt.
Und dann liebe ich den, der litt, der einsam war und starb,
damit wir ihn erleben können, diesen Tag. Eines Tages – Jesus!

Dr. Gisela Roth
arbeitete als Ärztin im Karanda-Hospital in Harare/Simbabwe

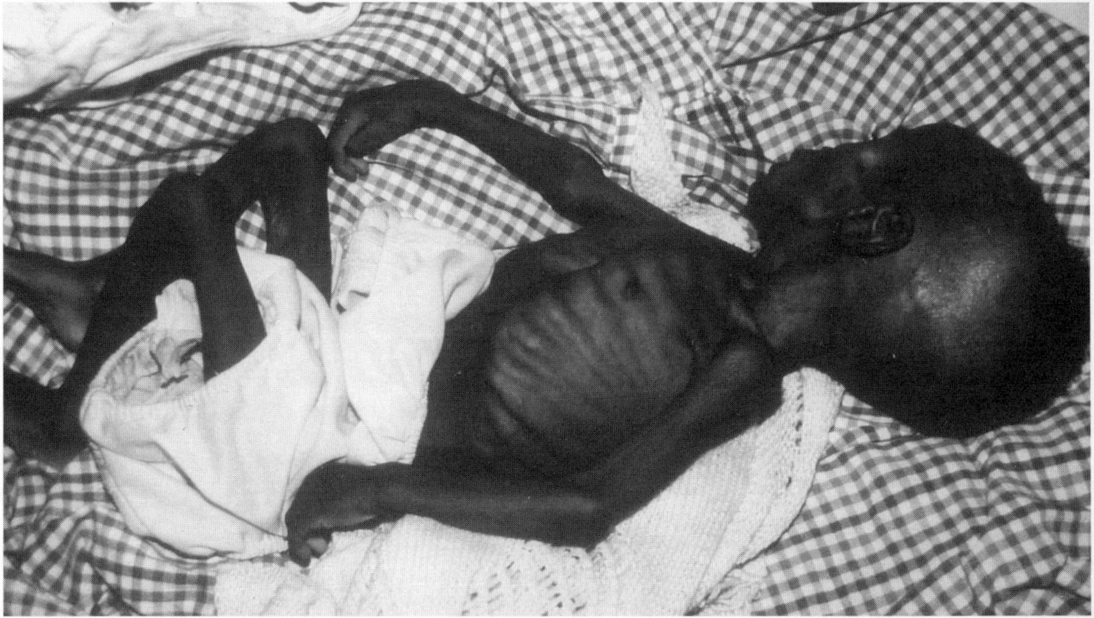

Aidskrankes Kind   Foto: Dr. G. Roth

Koni hat Aids

Es ist heiß. Zu heiß, um unterwegs zu sein. Das Lenkrad unseres Wagens lässt sich kaum anfassen. Die Kleider kleben uns am Leib. »Herr, mach mich bereit, dir auch in dieser Hitze zur Verfügung zu stehen.«

Wir erreichen Konis Haus. Fliegen schwirren um den Kranken. Die Luft in dem kleinen Raum ist stickig. Koni atmet schwer. Wir geben ihm einige Medikamente, um sein Leiden erträglich zu machen. Lange wollen wir nicht stören. Wir spüren, dieser Mann hat abgeschlossen mit dem Leben.

Plötzlich richtet er sich auf. Er hat noch eine Frage: »Wie kann ich gerettet werden? Könnt ihr mir den Weg zum Himmel zeigen?« Die Worte treffen uns. Wir setzen uns zu ihm und erklären ihm den Weg zu Gott. Koni nimmt Jesus als seinen Retter auf.

Schweigend verlassen wir sein Haus.

Es ist heiß. Unerträglich heiß. Aber was macht schon die Hitze! Ein Mensch ist gerettet für die Ewigkeit. Das ist aller Mühe wert.

Dr. Gisela Roth

Dr. Gisela Roth, Simbabwe   Foto: Archiv

Im Kugelhagel

Es dämmert gerade, als ich erwache. Plötzlich fallen Schüsse. »Krieg!«, fährt es mir durch den Kopf. Mehr Schüsse, eilende Füße. Ganz automatisch rolle ich aus dem Bett auf den Fußboden; denn nach allen Seiten hin sind die Fenster offen, und nirgends finde ich Schutz. Ich bin allein im Haus. »Das Loch unter dem Fußboden im Bad«, erinnere ich mich. Ich krieche über den Boden ins Bad und lande im Loch, das weise Missionare vorsorglich einmal ausgehoben hatten. Schlangen, Riesenechsen, Ameisen, das alles scheint jetzt nicht wichtig. Es ist dunkel da unten, aber vor dem Kugelhagel bin ich geschützt, obwohl Mörsergeschosse krachend auf dem Blechdach landen.

Da schlägt jemand an meine Haustür. Was tun? Gewehrkolben und Fußtritte haben die Tür schnell eingeschlagen. Ich steige aus dem Loch und bin von einer Schar »Befreiungskämpfer« umringt, die laut durcheinander reden. Da kommt auch schon unser Stationsleiter ins Haus, und ich darf unbehelligt mit ihm gehen. So haben die Männer freie Hand, das Haus zu verwüsten und mitzunehmen, was ihnen gefällt.

Im Schutz des Familienwohnhauses liegen wir auf dem Boden. Die Rebellen beschießen den Regierungshügel aus den Bäumen und Häusern unserer Missionsstation, und von dort erwidern Polizei und Militär das Feuer zurück. Ehe ich mich versehe, haben mich die Ameisen gefunden und beißen mich. »Das kann kritisch werden«, denke ich entsetzt. Gegen Ameisenbisse bin ich allergisch. Es gelingt unserem Missionar, durch das

Fenster ins Haus zu klettern, wo er schnell einige Antihistamintabletten findet, obwohl das ganze Haus bereits von den Kämpfern durchwühlt ist und im Chaos zurückgelassen wurde.

Der Kampf hält viele Stunden an. Zwischendurch kommen die Männer und argumentieren mit uns: »Wem gehört dies Land? – Es gehört uns!« – »Die Erde hat Gott geschaffen«, geben wir zur Antwort, »Ihm, dem Schöpfer gehört alles. Gott will, dass die Menschen in Frieden miteinander auf dem Land leben …« – »Wir erschießen alle Amerikaner und Europäer.« – »Sie sind Australier«, beeilt sich unser Wächter zu sagen. Alle anderen einheimischen Mitarbeiter sind in den Busch geflüchtet. Er ist allein zurückgeblieben in der Hoffnung, uns beschützen zu können. Plötzlich findet einer der Rebellen meinen Reisepass. »Wem gehört der?« Ich melde mich. Wutentbrannt sieht er mich an. Darauf einer der Männer: »Mensch, lass doch die Alte leben!«

Immer noch Schüsse. Wir liegen auf der Erde, John, seine Frau Pat mit ihren zwei kleinen Mädchen, Ruth, meine Kollegin, und ich. John liest uns Abschnitte aus der Bibel, u. a. Psalm 61: *»Höre, Gott, mein Schreien und merke auf mein Gebet! Vom Ende der Erde rufe ich zu dir, denn mein Herz ist in Angst; du wollest mich führen auf einen hohen Felsen. Denn du bist meine Zuversicht, ein starker Turm vor meinen Feinden.«* Wir beten, lesen wieder. Da rückt die kleine fünfjährige Michelle ganz nahe an mich heran: »Tante Christel, werden wir jetzt alle sterben?« – »Das weiß ich nicht, aber wenn wir sterben, dann gehen wir in den Himmel zu Jesus.« – »Ich weiß aber nicht, ob ich in den Himmel komme?« »Wenn du Jesus in dein Leben aufgenommen hast, dann kommst du auch in den Himmel.« – »Ich möchte Jesus annehmen, betest du für mich?« Und ob ich das tue! Freude im Angesicht größter Gefahr! Geborgenheit, die nur Jesus geben kann.

Jetzt haben wir alle miteinander Schutz im Loch unter dem Haus der Familie gesucht. Da ruft plötzlich einer der Männer: »Rauskommen!« Ruth und ich werden abgeführt. »Wir nehmen euch mit über die Grenze.« Wie lange kann ich wohl zu Fuß laufen?, überlege ich. Jetzt bringt man uns in mein Haus. Ruth wird in ein Zimmer geführt, ich in das andere. Ich sitze auf der Bettkante und schaue in den Lauf eines Maschinengewehrs und auf die Spitze des aufgepflanzten Bajonetts. »Herr, werde ich dich jetzt bald sehen?«, frage ich im Herzen. Da geschieht etwas Seltsames. Es ist, als wäre ein Mantel von meinen Schultern gefallen. Es war die Angst, die mich im Griff hatte. Nun ist sie von mir genommen. Ich fühle mich ganz geborgen. Unbefangen rede ich dem Mann ins Gewissen, und er hört eine Weile zu. Doch dies Gewissen ist schon abgestumpft und das Herz verhärtet.

Uns bleibt keine Demütigung erspart. Trotzdem weiß ich mich im Herrn geborgen und verspüre keine Angst, nur große Traurigkeit, dass unser Einsatz für die Menschen hier so ein Ende nimmt.

Die Rebellen sind abgezogen, und unser Wächter meint, wir sollten versuchen, uns auf dem Regierungshügel in Sicherheit zu bringen. Garantiert würden die Rebellen wiederkommen. Dazu jedoch müssten wir durch das ganze Dorf laufen, wo man uns von allen Seiten beschießen kann. Trotzdem wagen wir es. Wir stellen fest, dass fast alle Dorfbewohner auf den Hügel geflüchtet sind. Erstaunt starren sie uns an. »Habt ihr den

Beschuss des Missionsgrundstücks überlebt?« Keiner hat das für möglich gehalten.

Der Gouverneur stellt uns sein Büro zur Verfügung, in dem bereits über ein Dutzend Leute Zuflucht gefunden haben. Wir liegen dicht nebeneinander auf dem Fußboden. Es ist fast dunkel, und schon beginnt die Schießerei wieder. Die ganze Nacht geht es so weiter. Zwischen meinem Kopf und einem schweren Mörsergeschütz ist nur eine dünne Wand. Die Knallerei ist fast unerträglich. Gegen Morgen wird es ruhiger. »Wir haben keine Munition mehr. Wenn uns nicht weitere Soldaten zu Hilfe kommen, sind wir verloren«, heißt es.

Offensichtlich haben sich jetzt fast alle Rebellen zurückgezogen. Es gibt eine Feuerpause. Ruth und ich können wieder ins andere Haus zurückgehen. Zusammengekauert sitzen wir auf dem Fußboden. Da poltert einer der Rebellen herein und verlangt Geld. Wir stehen dicht gedrängt. Plötzlich schießt er aus einem Meter Entfernung eine Maschinengewehrsalve auf uns ab. John fällt zu Boden Der Schütze verschwindet, und wir stellen fest: John hat nur ein heißes Ohr. Zwei Zentimeter über meinem Kopf ist ein Loch in der Wand, ja, die ganze Wand ist voller Einschüsse. Der Herr hat uns wunderbar bewahrt. Wir können nur staunen und anbeten.

Im Laufe des nächsten Tages rückt tatsächlich Verstärkung an. Am Tag darauf gelingt es John unter Militärschutz, unser mobiles Funkgerät aus dem Landrover zu holen. Dass Gott das für uns bewahrt hat, ist ein weiteres Wunder. Per Funk können wir die Mission in der Hauptstadt verständigen.

Hilfe kommt aber erst nach vier Tagen. Ein Pilot des Missionsflugdienstes wagt es, auf unserem Landestreifen zu landen. »Schnell, schnell, nichts mitnehmen. Ich muss sofort ganz steil wieder aufsteigen, damit die Rebellen das Flugzeug nicht abschießen können.« Wir machen eine kurze Zwischenlandung auf einer Station, nicht allzu weit von unserer entfernt. Ehe der Pilot wieder in die Höhe steigt, ruft Dr. M. uns zu: »Wir wünschten, wir könnten mitfliegen! Versucht doch, uns ein Flugzeug zu senden.«

Noch in derselben Nacht kamen die Rebellen, und er wurde erschossen.

Zum zweiten Mal in meinen bis dahin 16 Jahren Dienst auf dem Missionsfeld sitze ich in einem Gedenkgottesdienst für einen ermordeten Missionar. Beide Male war ich in der gleichen Situation gewesen wie diese Missionare. Beide Male hat Gott mich bewahrt. Da kann ich ihm nur danken und ihn bitten, mir zu helfen, mein Leben so lange wie möglich in seinen Dienst zu stellen, um den Menschen das Evangelium zu bringen, zu denen er mich gerufen und für die er mir seine Liebe ins Herz gegeben hat.

Christel Voll
war früher in Ostafrika tätig, später im DMG-Heimatzentrum.
Ihren Ruhestand verbringt sie zum Teil in Toronto, Kanada, wo sie Flüchtlingen und Einwanderern aus Afrika die Liebe Jesu weitergibt.

Junger Mann aus Eritrea Foto: C. Weber

»Viele Tränen werden noch geweint,
und der Mensch ist noch des Menschen Feind.
Doch weil Jesus für die Feinde starb, hoffen wir,
weil er uns Hoffnung gab.
Krieg und Terror sind noch nicht gebannt,
und das Unrecht nimmt noch überhand.
Doch der Tag, er steht schon vor der Tür.
Herr du kommst, wir danken dir dafür.«

Peter Strauch

Das Todesurteil

Krachend öffnete sich die Tür. Desalegn, der gerade an der Übersetzung des Lukasevangeliums arbeitete, sprang erschreckt auf. Zwei schwer bewaffnete Soldaten stellten sich drohend vor ihn und schrien ihn an: »Eine letzte Warnung, junger Mann. Wenn du deinen Kontakt zu dem weißen Kapitalisten nicht abbrichst, wirst du dich hinter Schloss und Riegel wiederfinden. Und deine Aktivitäten in der Kirche sind uns ebenso ein Dorn im Auge.«

Der Siebzehnjährige gab sich alle Mühe, so ruhig und gelassen wie möglich zu wirken. Bevor er etwas antworten konnte, fuhren die Soldaten in scharfem Ton fort: »Du weißt, dass es deine Pflicht ist, der kommunistischen Jugendbewegung beizutreten. Aber du weigerst dich. Schade, wir würden dir sogar die Leitung übergeben. Und dein Studium? Das kannst du jetzt schon abhaken. Also überleg es dir.«

Ein leichtes Zittern lag in Desalegns Stimme: »Ihr könnt mich nicht zwingen, dem Missionar bei der Übersetzung der Bibel meine Hilfe zu verweigern. Und was die Kirche anbetrifft – Gott gehört der erste Platz in meinem Leben.« – »Gott!«, unterbrach ihn einer der beiden aufgebracht. »Du meinst die Partei.« Unerschrocken schaute Desalegn die Männer an: »Nein, Gott. Ihm gehört der erste Platz in meinem Leben.« Wutentbrannt wandten sich die Soldaten zum Gehen. »Nun, ganz wie du willst. Wirklich schade um dich.«

Jetzt wusste Desalegn: Sie meinen es ernst. Gott oder die Partei! Er musste sich entscheiden, wem er dienen wollte. Die Ereignisse der letzten Zeit ließen keinen Zweifel daran, dass die Soldaten zu allem bereit waren.

Unsagbares Leid hatte die kommunistische Herrschaft seiner Heimat Wolaitta zugeführt. Gerade diese Provinz Äthiopiens zählte die größten und lebendigsten Gemeinden und widerstand den kommunistischen Indoktrinierungsversuchen am stärksten. Fast sechshundert kirchliche Gebäude wurden zerstört oder umfunktioniert, darunter alle sechzehn Bibelschulen. Über zweitausend ihrer leitenden Gemeindeglieder wurden ins Gefängnis geworfen und mehrere zum Tode verurteilt.

Desalegn hatte sich bereits als Schüler für den Herrn Jesus Christus entschieden und schon während seines letzten Schuljahres bei der Übersetzung des Neuen Testaments in die Wolaittasprache geholfen.

Die Kommunisten sahen, dass ihre Bemühungen, den jungen Mann für die Partei zu gewinnen, umsonst waren. So stellten sie ihn vor das Volksgericht und verklagten ihn wegen Volksfeindlichkeit und Verhetzung der Jugend. Er wurde zum Tode durch Erschießen verurteilt und ins Gefängnis abgeführt. Aber auch im Gefängnis blieb Desalegn Gott treu. Viele Mitgefangene, meist Kriminelle, spotteten über ihn, wenn er betete. Umso mehr bat er Gott, ihn nicht als Verbrecher, sondern als Zeuge Jesu sterben zu lassen.

Die letzte Nacht vor seiner Erschießung litt Desalegn große innere Qualen. Zweifel und Glaube kämpften in ihm. Immer wieder schrie er zu Gott: »Oh mein Herr, warum lässt du das zu? Kannst du mich nicht aus der Hand des Todes erretten? Ich weiß, du kannst, wenn es dein Wille ist. Hilf mir, dir treu zu bleiben.«

Um acht Uhr morgens öffnete sich die Zellentür. Desalegn schreckte zusammen. Im Türrahmen sah er die große, stämmige Gestalt des Gefängnisoffiziers. Mit ein paar schnellen Worten forderte er Desalegn auf, ihm zu folgen. »Das ist das Ende«, dachte Desalegn und fühlte, wie seine Schritte schwankten. Der Offizier führte ihn ins Freie. Plötzlich zog er ihn dicht an sich heran und flüsterte: »Verschwinde so schnell du kannst und lass dich nie mehr in dieser Gegend blicken. Ich habe deinetwegen eine schlaflose Nacht gehabt. Immer wieder mahnte mich eine innere Stimme: Lass ihn frei. Er ist unschuldig.«

Desalegn flüchtete in den Norden Äthiopiens. Später war es ihm sogar möglich, ein Studium zu beginnen. Heute ist er Generalsekretär über 700 Gemeinden des Wolaittagebietes.

Durch dieses Erlebnis und andere schmerzliche Erfahrungen konnte Gott ihn zu einem Mann machen, der auf eine hohe Karriere verzichtete und mit all seinen Gaben dem Herrn Jesus und seiner Gemeinde von Herzen dient.

Hans und Brigitte Hagen
arbeiteten 15 Jahre in Äthiopien und 5 Jahre in Sierra Leone.
Auch im Ruhestand stehen sie den Gemeinden
immer wieder mit praktischer Hilfe zur Seite.

Sieg ist, Gott in den Tiefen
des Lebens zu vertrauen.
Margot Reich, Kenia

Ich warf ihre Keulen in den Fluss

Vor mir floss der Ajarafluss, blaugrün und kristallklar. Die Bäume des bewaldeten Ufers, der Himmel und die Sonne spiegelten sich darin. Hier und da, wenn ein leichter Wind über das Wasser wehte, glitzerte die Oberfläche in der Sonne wie tausend Diamanten. Ich war am Ziel – an meinem neuen Einsatzort. In der Nähe des Ufers standen ein paar erbärmliche Hütten, und dahinter erstreckte sich tiefgrüner, geheimnisvoller Dschungel. Zwischen den Hütten wuchs meterhohes Gras, in dem sich Schlangen und Skorpione versteckt hielten. Es gab keine Verbindung zur Außenwelt. Meine einzige Habe bestand aus einem kleinen Koffer, einem Kochtopf und Besteck. Ich fühlte mich absolut hilflos.

Freundliche, scheue Menschen, nur spärlich bekleidet, begrüßten mich. Das machte mir Mut. Irgendwann gab es in dieser Gegend schon einmal Missionare und eine kleine Gemeinde. Aber als die Missionare gingen, zerstörten Unmoral und Okkultismus das Leben der Flussbewohner. Nur Aristeo und seine Familie blieben Gott treu. Kein Tag verging, ohne dass sie Gott baten: »Herr, hab Erbarmen mit unserem Volk!« Sie wurden meine engsten Freunde. Bei dieser Familie durfte ich am Anfang wohnen. Sie teilten alles mit mir, obwohl ihnen selbst das Nötigste fehlte: ihre Hütte, ihr Essen, ihr Leben.

Gleich in den ersten Tagen nach meiner Ankunft nahm mich Aristeo in seinem kleinen Boot mit zu anderen Flussbewohnern, die verstreut an den Ufern des Ajara lebten. Die Armut der Menschen erschütterte mich zutiefst. Von da an besuchte ich sie regelmäßig, versorgte ihre Kranken und erzählte ihnen aus Gottes Wort. Immer wieder luden Aristeo und ich sie zum Gottesdienst ein. Zunächst wagten es nur Einzelne, doch mit der Zeit fassten immer mehr Mut und begannen ein neues Leben im Glauben an Jesus Christus.

Da fast alle Flussbewohner Analphabeten waren, begann ich, Männer, Frauen und Kinder im Lesen und Schreiben zu unterrichten. Wie groß war ihre Freude, als sie eines Tages ihre eigene Bibel in Händen hielten! An den Ufern des Ajara entstand eine christliche Gemeinde, die mehr als 200 Leute zählte. Menschen brachen mit heidnischen Zeremonien und wurden frei von Geisterfurcht. Die Trinkgelage hörten auf und damit auch die brutalen Kleinkriege. Wie oft hatte ich den Streitenden ihre Buschmesser aus der Hand gerissen oder ihre Keulen in den Fluss geworfen! Die Ehemänner erkannten ihre Verantwortung für ihre Familien und begannen, in Liebe für sie zu sorgen. Häuser erstrahlten in ungewohnter Sauberkeit, die Säuglingssterblichkeit nahm ab. Gott hatte Menschenherzen verändert. Nur neue Menschen schaffen neue Verhältnisse.

Auf einer Buschreise traf ich eine blasse, kleine Frau. Sie lud mich in ihr Haus ein. Im Halbdunkeln erkannte ich in einer Ecke eine zusammengekauerte Gestalt – Meterio, ihr Mann. Er war betrunken. Als er mich reden hörte, richtete er sich auf und versetzte seiner Frau ein paar kräftige Faustschläge, dann jagte er mich aus dem Haus. Aber so schnell ließ ich mich nicht verjagen. Einige Wochen später stand ich mit Lebensmitteln und meiner Bibel wieder vor dem Haus Meterios. Auch dieses Mal wurde ich mit lauten Flüchen verjagt. Aber ich kam wieder – viele Male. Manchmal traf ich die blasse, kleine Frau allein an. Ich erzählte ihr von Gottes Liebe, die alles ändern kann. Sie vertraute ihr Leben Jesus an und erhielt Kraft für den schweren Weg an der Seite ihres Mannes. Immer öfter, besonders wenn er nüchtern war, hörte nun auch Meterio ruhig und interessiert den Geschichten der Bibel zu.

Eines Tages legte er sein Leben in die Hände Gottes. Und damit wurde alles neu in seinem Leben und in seiner Familie. Meterio begann, seine Frau und seine Kinder zu lieben und für sie zu sorgen. Er fand eine Arbeit als Händler, brachte es zu bescheidenem Wohlstand und erzählte allen, was Gott aus seinem Leben gemacht hat. Heute arbeitet er in großer Treue als Evangelist unter den Flussbewohnern.

Nie erlebte ich die Gegenwart Gottes so real wie in den einsamen Stunden allein im Urwalddorf Ajara. Ich fühlte mich in seiner Liebe geborgen. Nur wenn ich krank war und elend in meinem Häuschen lag, überkam mich manchmal das Gefühl der Einsamkeit. Dann musste ich aufpassen, dass ich mich nicht von trüben Gedanken und Gefühlen bestimmen ließ, sondern von Gottes Wort, das mir zurief: *»Ich bin bei euch alle Tage, bis an der Welt Ende« (Mt 28,20).*

Auch Zeiten der Angst sind mir nicht fremd. Zweimal wurde ich von einem Skorpion gestochen. Ich krümmte mich in wahnsinnigen Schmerzen, aber erholte mich wieder. Einmal biss mich eine Vogelspinne. Es gab keine Woche, wo wir nicht eine Schlange töteten. Mein eigener Hund fiel einem Schwarm Killerbienen zum Opfer. Oft fühlte ich mich umgeben von dunklen Mächten, greifbar nahe. Nacht für Nacht hörte ich, wie der Zauberer die Geister anrief. Bootsfahrten waren für mich besonders Furcht erregend, denn ich konnte zu der Zeit nicht schwimmen. Vor jeder Reise mit dem Boot hatte ich Albträume. Deshalb betete ich schon Tage im Voraus dafür und nannte Gott alle meine Ängste. »Ach Herr, muss ich unbedingt aufs Boot? Kann ich nicht vom Haus aus meine Arbeit tun?«, schlug ich Gott einmal vor. Aber Gott schien mir zu antworten: »Und die anderen, an den Ufern der Flüsse – wie sollen die hören?« So machte ich mich immer wieder im Vertrauen auf Gott auf den Weg. Und Gott schenkte mir Frieden und große Freude.

Früher dachte ich oft, Christsein und Angst, das passt nicht zusammen und war enttäuscht über meine Kleingläubigkeit. Heute weiß ich: Auch Christen kennen Ängste, aber sie dürfen unser Handeln nicht bestimmen. Im Vertrauen zu Jesus können wir die Angst überwinden. Eine starke Waffe gegen die Angst ist das Gebet, denn im Gebet rufen wir den an, der die Welt mit all ihren Ängsten überwunden hat. Er nimmt nicht alle Ängste von uns, aber mitten in der Angst ist er bei uns. Ein anderes Mittel gegen die Angst ist Gottes Wort. Wenn Jesus sagt: *»Ich bin bei euch alle Tage, bis an der Welt Ende«,* dann können wir uns darauf verlassen.

Ein Erlebnis wird mir unvergessen bleiben: Es ist Nacht. Ich wälze mich mit schwerer Malaria im Bett. Plötzlich höre ich jemanden meinen Namen rufen. Erschreckt richte ich mich auf. Ein medizinischer Notfall? Ich horche. Im Wartezimmer ist alles still. Kaum eingeschlafen, vernehme ich wieder meinen Namen. Ganz deutlich. Aber auch dieses Mal höre oder sehe ich niemanden. »Es ist das Fieber«, denke ich und lege mich schlafen. Und wieder ruft mich jemand. Ich greife nach der Taschenlampe, stehe mühsam auf und taste mich zur Haustür. Plötzlich fällt der Lichtkegel der Lampe auf eine große Schlange, die, zum Angriff bereit, in einer Ecke meines Zimmers liegt. Ich schleiche mich an ihr vorbei zur Terrasse. Am ganzen Leib zitternd, rufe ich die Nachbarn, die mir zu Hilfe eilen. Ein paar kräftige Schläge mit dem Buschmesser, und die Schlange, eine riesige Anakonda, ist getötet. War es Gott, der mich gerufen hat, um mich zu warnen? Mir wird ganz sonderbar zumute. Ich bin nicht allein. Jesus ist da, immer und überall. Muss ich mich dann noch fürchten?

Hedwig Anselm
arbeitete über 30 Jahre unter den Flussbewohnern Brasiliens.

Nur eins ist wichtig, ob wir ängstlich oder tapfer sind:
immer dort zu sein, wo Gott uns haben will
und im Übrigen ihm zu vertauen.
Es gibt kein anderes Heilmittel gegen die Angst,
als sich vertrauensvoll in seinen Willen hineinzuwerfen.
Georges Bernanos

Weil Gott es wert ist

Immer wieder komme ich an einen Punkt, an dem ich mir die Frage stelle, ob die lange Zeit der Vorbereitung, die Mühe und das Risiko, in den Missionsdienst zu gehen, gerechtfertigt sind. Ist es die Sache wert, die Gesundheit aufs Spiel zu setzen, unsere drei Kindern aus ihrer vertrauten Umgebung herauszunehmen und sie in ein Land mit einer ungewissen Zukunft zu führen? Ist Mission all das wert?

Gott hat die Geschichte einer Afrikamissionarin benutzt, um mir meine Frage zu beantworten.

Sie wurde in Irland unter sehr ärmlichen Verhältnissen geboren. Mit viel Fleiß und Mühe studierte sie und wurde Ärztin. Schließlich entschloss sie sich, als Missionsärztin nach Afrika zu gehen. Vielen Menschen in unsagbarem Elend konnte sie helfend zur Seite stehen. Neben ihrer Arbeit schrieb sie ein Buch über alle wertvollen Erfahrungen ihres Dienstes.

Nach etwa 13 Jahren brachen in diesem Gebiet schwere Unruhen aus. Soldaten zogen plündernd und tötend durch das Land und hinterließen überall Spuren der Verwüstung. Auch die Missionsstation, auf der die Ärztin arbeitete, wurde betroffen. Man plünderte ihr Haus und verbrannte es. Sie selbst wurde von mehreren Soldaten vergewaltigt. Danach fesselte man sie an einen Baum, zündete ein Feuer an und verbrannte das Buch, an dem sie über zehn Jahre gearbeitet hatte, vor ihren Augen.

Es war Nacht. Gedemütigt und verzweifelt starrte sie zum Sternenhimmel und schrie zu Gott: »Oh, mein Herr, ist es die Sache wert? Ist es sie wert, dass ich Vater und Mutter, Verwandte und Freunde verlassen habe, um dir hier in Afrika zu dienen? Ist es die Sache wert, dass ich meine sichere berufliche Zukunft geopfert habe, um in einem fernen Land zu einem fremden Volk zu gehen? Oh, mein Gott, ist es die Sache wert, alles zu verlieren, geschändet zu werden und am Ende vielleicht mit dem Leben zu bezahlen?«

Da war ihr, als spräche Gott zu ihr: »Liebes Kind, fürchte dich nicht, denn ich bin bei dir. Du stellst die falsche Frage. Sie lautet nicht: Ist es die Sache wert, sondern: bin ich, dein Gott, es wert?« Plötzlich fühlte sie, wie die Liebe Gottes und ein tiefer Friede ihr Innerstes erfüllte. Hatte Jesus am Kreuz nicht alles für sie gegeben, sein Leben? Unter Tränen antwortete sie: »Ja, Herr, du bist es wert.«

Diese Geschichte schlug bei mir wie eine Bombe ein. Gott hatte zu mir gesprochen und mir durch diese Geschichte ein Bekenntnis abgerungen: »Du Herr, bist es wert«, wiederholte ich immer wieder unter Tränen.

Auf diesem Bekenntnis ruht seither meine Motivation, Gott in der Mission zu dienen. Wir haben keine Garantie, dass alles gut gehen wird, weder zu Hause noch in irgendeinem anderen Land, doch weil Gott es wert ist, wollen wir es wagen, ihm ganz zur Verfügung zu stehen.

Martin und Esther K. stehen in der Vorbereitung für den Missionsdienst im Mittleren Osten.

Ich konnte nicht mehr beten

Missionare sind keine Superchristen, sondern ganz normale Menschen mit Höhen und Tiefen, mit Glauben und Zweifeln. Vor vier Monaten war ich nach Südafrika gekommen. Ich hatte mir eine kleine Wohnung eingerichtet und fühlte mich recht schnell zu Hause. Eines Morgens spürte ich starke Schmerzen in den Knien. Der Arzt stellte eine schwere Arthrose fest. Nur mit starken Schmerzmitteln war ich fähig, meiner Arbeit nachzugehen. Nach einigen schweren Wochen riet mir der Arzt zu einer Knieoperation. Er sprach von neuen Gelenken. Das war für mich eine unmögliche Vorstellung. Mit 49 Jahren künstliche Gelenke? Man kann doch ein von Gott geschaffenes Knie nicht einfach so ersetzen! Die Schmerzen verschlimmerten sich täglich. Inzwischen war ich bereit zur Operation. Aus mehreren Gründen wurde mir geraten, die Operation in Deutschland durchführen zu lassen. Nun machten mir nicht nur die Schmerzen zu schaffen, auch ein schlechtes Gewissen. Kaum hatte ich meine Arbeit in Südafrika begonnen, musste ich sie unterbrechen. Ich fühlte mich als Versagerin. Die bevorstehende Operation bereitete mir ebenfalls Sorgen. Ob ich je wieder laufen könnte und meine Arbeit als Missionarin ausführen?

Die erste Operation fand statt. Sie dauerte Stunden. Die nächsten Tage plagten mich starke Schmerzen. Über jeden Besuch und jedes Telefongespräch mit Freunden und Bekannten freute ich mich sehr. Dennoch fühlte ich mich allein. Ich wartete. Jeden Tag. Auf was eigentlich? Auf ein bisschen Freude, auf Hilfe, auf einen lieben

Menschen. Bei jedem Klopfen ging mein Kopf in Richtung Tür. Etwas begann in mir zu nagen, das ich nicht verstehen konnte. Ein Gefühl, das ich so bisher nicht gekannt hatte: Einsamkeit. Ich fühlte mich verlassen.

Bald stellte sich heraus, dass noch eine weitere Operation nötig war. Hörte das denn niemals auf? Immer wieder Tränen. Warum fühlte ich mich nur so schrecklich einsam? Einsamkeit, hat jemand gesagt, ist der gefährlichste Ort in der Welt. Gefährlich, weil wir in solchen Stunden die Blicke auf uns selbst richten, anstatt auf Gott. Selbstmitleid, Selbstaufgabe heißen ihre Vokabeln. Und an diesem gefährlichen Ort befand ich mich jetzt. Hinzu kam die quälende Frage nach dem Warum. Warum machte mich Gott auf der Höhe meines Lebens zum Invaliden? In mir war alles leer. Gott schien so weit weg zu sein. Bibellesen konnte ich nicht mehr und auch mit dem Beten hatte ich Schwierigkeiten. Zäh schleppten sich die Wochen dahin.

Erst langsam stellte sich eine Besserung ein. Ich begann, an Krücken zu laufen, die Schmerzen ließen nach. Allmählich kehrte der tiefe innere Friede zurück, die Geborgenheit in Gott. Mein Vater im Himmel hatte mich nicht alleine gelassen. Ich wurde von großer Dankbarkeit erfüllt. Gott hatte es möglich gemacht, dass die neuen Knie tatsächlich funktionierten. Noch vor wenigen Jahren wäre jemand mit der gleichen Krankheit für immer an den Rollstuhl gefesselt gewesen.

Jetzt konnte ich wieder beten und Gott für seine Hilfe und Führung danken. Die Dankbarkeit motivierte mich, meine Tage in der Rehaklinik sinnvoll auszufüllen. Ich übte mich in der Seidenmalerei und malte Karten für meine Mitpatienten. Es gibt keine Zeit im Leben, in der wir Gott nicht dienen können, auch wenn wir meinen, keine Kraft mehr zu haben. Er hat mich ruhig gemacht und mir die Geduld und den Mut gegeben, auch schwere Tage zu ertragen.

Im Rückblick sehe ich mit Dankbarkeit, wie Leidenszeiten Segenszeiten sein können. Heute frage ich mich manchmal, warum ich so viel Angst hatte und mich so verlassen fühlte, warum die Schmerzen mir so zusetzten, dass ich nicht mehr beten konnte. Ich habe keine Antwort. Ich weiß nur, Gott lässt uns nie allein, und es ist wunderbar, Freunde zu haben, die für uns im Gebet einstehen, wenn wir nicht mehr beten können und am Ende sind. Vielleicht hatte ich zu wenig mit Gott und seiner Allmacht gerechnet. Ich hatte mich auf Ärzte und meine Kraft verlassen, anstatt auf Jesus. Ich hatte mich von meinen negativen Gedanken bestimmen lassen, anstatt von den Zusagen Gottes. Die Bibel sagt: *»Verlass dich auf den Herrn von ganzem Herzen und verlass dich nicht auf deinen Verstand« (Sprüche 3,5).*

Renate Isert
arbeitet unter Muslimen in Südafrika.

Es kommt nicht darauf an,
dass wir gute Tage haben bis an unser Ende,
sondern dass aus unserem Leben
etwas herauskommt zur Verherrlichung des Herrn.
E. Modersohn

Tina – ein Leben für Gott

Von Natur aus war sie scheu, so scheu, dass ihre Lehrer während ihrer ganzen Schulzeit und des Studiums nicht ein einziges Mal gewagt hatten, ihr im Unterricht eine Frage zu stellen. Aber hinter dieser Scheu verbarg sich ein starker Wille. Als Tina die Liebe Jesu in ihrem Leben erfahren hatte, war sie entschieden: »Für Jesus tue ich alles. Für ihn mache ich auch meinen Mund auf, egal wo und vor wem.« Diesem Versprechen blieb sie treu. Menschen mit Jesus bekannt zu machen und ihnen zur Reife im Glauben zu helfen, wurde ihr Lebensinhalt. Jahrelang war sie für die Nacharbeit des Evangeliumsrundfunks in ihrem Land verantwortlich. Das bedeutete für sie, am Tag etwa 20 bis 30 persönliche Briefe von Hand zu schreiben, in denen sie Fragen der Hörer beantwortete und die Menschen unermüdlich auf Jesus hinwies.

Tina war treu im Gebet. Sie hatte, während sie die theologische Ausbildung machte, die Wände an ihrem Bett mit Listen von Namen tapeziert. Alle Personen, mit denen sie in brieflichem Kontakt stand, Freunde, die noch nicht gläubig waren und die sie einzeln betreute, brachte sie täglich vor Gott. Dazu benutzte sie sogar Nachtstunden und jede freie Zeit, die sie während des Tages einräumen konnte.

Tina ließ sich nicht abweisen, wenn es darum ging, jungen Christen zu mehr Wachstum im Glauben zu verhelfen. Viele erzählen heute beschämt, wie Tina ihnen nachging. Jede Verabredung hielt sie ein. Auch wenn ihre »Schützlinge« keine Lust mehr hatten und sich versteckten, kam sie wieder. Zum Schluss siegte Tinas

Treue: »Wenn ihr das Wort Gottes so viel wert ist, dann muss da was dran sein«, dachten sie. Immer mehr kamen, die Gottes Wort mit großer Begeisterung hörten und im Glauben wuchsen.

Tina lebte im Glauben. Was sie für ihren Lebensunterhalt brauchte, erbat sie sich von Gott. Und Gott versorgte sie. Als sie mit ihrem Studium fertig war, wurde sie von einer Freundin gefragt: »Hast du Arbeit gefunden?« – »Oh ja, eine gute Arbeit.« – »Und wie viel verdienst du?« – »Soviel ich brauche.« – »So eine Arbeit möchte ich auch haben«, meinte die Freundin, fast neidisch. »Weißt du«, sagte Tina, »es kommt nicht darauf an, wie viel oder wenig wir haben, sondern dass wir Gott das, was wir haben, ganz zur Verfügung stellen. Dann segnet er uns, und wir haben nie Mangel.«

Tina lebte in großer Vorfreude auf den Himmel, so dass es fast peinlich wurde, wenn sie vom Sterben sprach. Körperlich war sie immer schwach. Besonders wenn ihr die Hausarbeit unter den einfachen Lebensbedingungen schwer fiel, wuchs die Sehnsucht nach der Ewigkeit. Schon vor zwei Jahren gab sie einem Evangelisten einen vertraulichen Brief über Einzelheiten ihrer Beerdigung. »Du sollst die Menschen nicht traurig machen, aber ihnen auch keine lustigen Dinge zur Aufmunterung erzählen. Du sollst die Liebe Jesu zu uns so anschaulich machen, dass die Menschen von meinem Grab weggehen mit dem Wunsch, auch für Jesus leben zu wollen.«

Als wir Tina das letzte Mal trafen, war sie ein Bild des Jammers. Der Krebs hatte ihren Körper aufgezehrt. Sie stimmte noch einer Operation zu, gegen die sie sich viel zu lange gewehrt hatte, aber es war zu spät. Große Schwäche, viele Schmerzen und auch der letzte Todeskampf sind ihr nicht erspart geblieben. »Der geistliche Kampf ist groß, Gott aber ist immer noch größer. Betet weiter«, waren ihre letzten Worte.

Hermann und Margarete Janzen sind in der Schulung einheimischer Christen in Süd-Ost-Asien tätig.

Junge Christin aus Südostasien Foto: DMG-Archiv

Der Engel mit dem Plastikumhang

Schon seit vielen Wochen hat es geregnet. Die Guajajara-Indianer beginnen, sich um ihre Ernte zu sorgen. An diesem Nachmittag jedoch sieht der Himmel nicht allzu bedrohlich aus, und so machen wir uns mit ein paar Indianern auf den Weg in die Stadt. In der Regenzeit müssen wir für die 60 Kilometer schon mit mindestens drei Stunden Fahrzeit rechnen. Axt und Buschmesser sind geschärft; damit werden die Männer unseren Weg von umgestürzten Bäumen befreien können.

Wir sind bereits ein gutes Stück gefahren, als sich schwarze Wolken am Himmel zusammenziehen. Ein starker Wind kündigt das herannahende Unwetter an. Plötzlich fängt es an zu blitzen und zu krachen, und ein fürchterlicher Wolkenbruch prasselt auf uns nieder. Schnell gleicht die Straße einem reißenden Fluss, kein bisschen fester Boden ist mehr zu sehen. Ganz langsam fährt unser Geländewagen durch das Wasser. Inzwischen ist es Nacht geworden, und nur ab und zu zucken noch Blitze durch die Dunkelheit. Im Scheinwerferlicht sieht man die Regentropfen wie in einem munteren Tanz aus dem Wasser springen. Doch was verbirgt sich unter der Wasseroberfläche? Löcher, Steine, Schlamm? In höchster Anspannung starren wir durch die Scheibe.

Es geht schon auf Mitternacht zu, als wir endlich in der Stadt ankommen. Vor dem Indianerhaus lässt Sylvia unsere Begleiter aussteigen und reicht ihnen ihr Gepäck heraus. Plötzlich klopft jemand ans Fenster. Ich zucke zusammen. Ein mir unbekannter Mann, in ein Stück Plastik gehüllt, sagt: »Fahren Sie nicht auf dem gewohnten

Weg zu Ihrem Haus. Ein Erdrutsch hat die Straße weggerissen. Gerade ist ein größeres Auto hineingestürzt.« – »Aber was sollen wir tun?« entgegne ich ratlos. »Es gibt ja nur diese eine Straße.« – »Ich warne Sie noch einmal«, wiederholt der Fremde mit Nachdruck. »Nehmen Sie einen anderen Weg.« Nun erklärt der Mann uns einen wahrhaft halsbrecherischen Umweg zu unserem Haus. Dann verschwindet er in der Dunkelheit. Wir erschaudern.

Zitternd und betend umfahren wir die Gefahrenstelle auf dem abenteuerlichen Bergpfad. Plötzlich sehen wir vor uns im Scheinwerferlicht eine ausgedehnte Schlammstrecke, in der schon ein paar verlassene Autos stecken. Auf einem schmalen Seitenweg schlittern wir vorbei und kommen endlich zu Hause an. Mit einem Seufzer der Erleichterung schließen wir die Tür hinter uns zu.

Als wir uns den Erdrutsch und die aufgerissene Straße am nächsten Tag anschauen, verschlägt es uns völlig die Sprache. An dieser unübersichtlichen, schlammigen Stelle hätten wir niemals bremsen können. Wir wären unweigerlich in den breiten Graben gerutscht. Was für eine Bewahrung! Jetzt wird es uns erst richtig bewusst.

Aber wer war nur der Unbekannte, der uns gewarnt hat? Dieser Engel mit dem Plastikumhang? Sylvia versucht, es herauszufinden, weil wir uns bei ihm bedanken wollen, doch alle Nachforschungen bleiben erfolglos.

Danke Herr, du hast uns bewahrt. Du selber hast den Mann geschickt, um uns zu warnen – mitten in der Nacht und bei strömendem Regen.

Irene Menzel / Sylvia Bitter
arbeiteten viele Jahre als Pioniermissionare unter Indianern in Brasilien.

Blick in den Revolverlauf

Adolfo ist Pastor und für einen Kirchenkreis des Gemeindeverbandes in Arequipa verantwortlich. Sein Geld verdient er als Taxifahrer. Das macht ihn beweglich. So entfliehen Adolfo und Luisa ab und zu mit ihrem Auto dem Großstadtlärm, um Zeit mit Gott zu verbringen. In der Stille angekommen, ruft Luisa plötzlich nach ihrem Mann. Adolfo ist in Gedanken und im Gebet über seiner Bibel versunken.

Sekunden später starrt er in den Lauf einer Pistole. »Hinlegen!«, schreit der Maskierte und fuchtelt bedrohlich mit der Waffe. Aber Adolfo legt sich nicht hin. War doch ein Tourist wenige Tage zuvor tot aufgefunden worden, mit einem Schuss in den Rücken. Adolfo ist gefasst. Mit merkwürdiger Gelassenheit hört er sich ruhig, aber bestimmt zu dem Maskierten sagen: »Das Spiel gewinne ich. Wie immer es ausgeht – ich darf zu Gott Vater sagen, weil er mich liebt.« Adolfo sieht den Mann unerschrocken an und fährt fort: »Aber du – du bist der arme Verlierer. Überlege es dir und leg deine Maske vor Gott ab.«

Wie selbstverständlich ist Luisa schon zu ihrem schlafenden Kind ins Auto gestiegen.

Der Maskierte ist sichtlich verdutzt. Ruhig folgt Adolfo seiner Frau, setzt sich ans Steuer und startet den Wagen. In der nächsten Sekunde weiß er nicht, was mehr schmerzt, sein Ohr, wegen des Knalls, oder sein durchschossener Oberschenkel. Ein zweiter Schuss löst sich, geht ins Leere, dann klemmt die Patronenhülse. »Fahr!«, ruft Luisa. Mit letzter Kraft erreicht er die Stadt.

Adolfo liegt in seinem Bett und zeigt mir den Verband. Luisa sitzt daneben, lächelt und stillt ihren Sohn.

»In der Stille angekommen, werden wir ruhig zum Gebet. Große Worte sind nicht nötig, denn Gott weiß ja, wie's uns geht …«

Siegfried und Dorothee Reuter
bringen medizinische Hilfe in die Dörfer Perus und engagieren sich in einem großen Speisungsprogramm für mehr als 1000 unterernährte Kinder.

Arme Kinder in Peru erhalten ein Frühstück Foto: S. Reuter

10.

Mission – damit Menschen Gott begegnen

»So wahr ich lebe, spricht Gott der Herr: Ich habe kein Gefallen am Tode des Gottlosen, sondern dass der Gottlose umkehre von seinem Wege und lebe« (Hes 33, 11).
»Gott will, dass allen Menschen geholfen wird und sie zur Erkenntnis der Wahrheit kommen« (1. Tim 2,4).

Begegnung in gefährlicher Wildnis

Wer im Wind über den Steg muss,
Fuß vor Fuß setzend, lasse los. Los.
Nur Loslassende kommen hinüber.
Nur die mit den leeren Händen,
sie tasten der Windwand entlang,
unter sich wirbelnde Tiefe,
vor sich das Land der Verheißung.
Ist da nicht einer, der am anderen Ufer wartet?

Oft, wenn ich allein unterwegs bin in abgelegenen, unwegsamen Gegenden Kenias, muss ich an dieses kleine Gedicht denken. Ist nicht jeder Tag ein Wagnis, ein Überqueren eines Stegs über dem Abgrund? Ein Ankämpfen gegen den Wind?

Ich bin auf dem Weg zu einer entlegenen Krankenstation im Südosten Kenias. Die Abfahrt verzögert sich. Es wird später als gewollt. Ich muss mich beeilen, um wenigstens vor der Nacht aus dem Tal zu sein. Viele Menschen, vor allem Männer, umringen mich, bitten um eine Mitfahrgelegenheit. Aber alle sind mir fremd, und ich winke ab, setze mich ins Auto und will starten. Ein Mann jedoch lässt nicht locker. Schließlich gebe ich ihm zu verstehen, dass er einsteigen soll, und schon sitzt er hinter mir. Der Wagen rollt über die trockene Piste. Bald verschwindet das Dorf in einer großen Staubwolke. Im Rückspiegel sehe ich mir meinen Beifahrer genauer an und erschrecke. Seine Gesichtszüge und das staubbedeckte Haar wirken Furcht erregend. Die schlimmsten Gedanken jagen durch meinen Kopf. »Warum habe ich ihm nur erlaubt mitzufahren? Wie verhalte ich mich, wenn mich der Mann in dieser einsamen Gegend bedroht und vielleicht ausraubt?« Ich weiß, jetzt gilt es, Jesus zu vertrauen und alle angstvollen Gedanken loszulassen. Im Stillen bete ich.

Plötzlich kommt mir die Idee, mit meinem Begleiter über Jesus zu reden. »Kennen Sie Jesus?« Verlegenes Räuspern. »Ja. Ich bin Christ, aber kein richtiger.« – »Wollen Sie ein richtiger werden?« – »Schon lange sehne ich mich danach«, antwortet er sichtlich interessiert. »Dann vertrauen Sie Ihr Leben Jesus an.« Ich beobachte, wie es in seinem Inneren kämpft. »Sie meinen jetzt? Hier?« – »Warum nicht? Wissen Sie, ob Sie morgen noch Gelegenheit dazu haben?«

Meine Angst vor diesem Mann ist wie weggeblasen,

und in seiner Stimme spüre ich das große Verlangen, Gott zu begegnen. Dann sagt er aus voller Überzeugung: »Ich will Jesus mein ganzes Leben geben. Jetzt.«

Wir halten an. Ich fühle die Nähe Gottes. Die staubige Straße wird zu einem Ort heiliger Gegenwart Gottes. Nun spreche ich ein Gebet, und mein Freund betet mir Satz für Satz nach. Als ich die Augen öffne, sehe ich ein strahlendes Gesicht vor mir. Zögernd fragt er mich: »Wie lange sind Sie Christ?« – »Schon viele Jahre. Warum wollen Sie das wissen?« Mein Mitfahrer lacht: »Oh Frau, Ihr Vertrauen zu Gott ist groß. An der gefährlichsten Serpentine haben Sie angehalten, um zu beten. Hier hausen Diebe, die die Autos ausrauben. Ich kenne diesen Ort und habe Angst. Aber Sie haben keine. Ich habe Sie beobachtet. Sogar mit geschlossenen Augen haben Sie gebetet. Hätte ich nur solchen Glauben!«

Während unserer langen Fahrt nehme ich mir Zeit, um mit ihm über Jesus zu reden und was es bedeutet, ihm nachzufolgen. Mein Begleiter saugt die Worte so begierig auf wie die trockene Erde den lang ersehnten Regen. »Und wie denkt Ihre Frau über Jesus?«, frage ich ihn. »Oh, sie möchte genauso gern Christ werden wie ich. Aber wir wussten beide nicht, wie wir es machen sollten.«

Mein Begleiter erzählt, dass er Schulleiter an einer Grundschule ist. Alle sieben Kollegen möchten gern Christen werden, aber sie kennen den Weg zu Jesus nicht. »Eine große Verantwortung liegt vor Ihnen«, erkläre ich ihm. »Sie wissen den Weg, nun zeigen Sie ihn Ihren Kollegen.« Er nickt. Er hat verstanden, und er verspricht, Jesus zu bekennen und täglich in der Bibel zu lesen.

Beim Aussteigen bedankt er sich viele Male und sagt mit einem Lächeln: »Es macht so froh, Jesus zu gehören.«

Wunderbare Begegnungen, die Gott schenkt, mitten in gefährlicher Wildnis.

Rose Schwarz
ist Direktorin für das Dorfgesundheitswesen
der Afrika-Inland-Kirche in Kenia.

Die wichtigste Stunde ist immer die Gegenwart,
der bedeutsamste Mensch immer der,
der dir gerade gegenübersteht,
das notwendigste Werk ist stets die Liebe.
Meister Eckart

Dreimal versuchten sie, mich zu töten

Hans-Georg und Margarete Hoprich (heute Österreich) arbeiteten bis 1996 in Papua-Neuguinea als Pioniermissionare und in der Schulung von Gemeindemitarbeitern. Von seiner waghalsigen Expedition in das Gebiet der Mamusi und Kol berichtet H.-G. Hoprich in folgendem Interview mit Theo Volland:

Wie kam es, dass du dich gerade für das Volk der Mamusi und Kol interessiertest?

Ich hörte, dass in den Bergen hinter der Küste Neubritanniens Stämme lebten, die noch nie das Evangelium gehört hatten. Diese Berge gehören zu den steilsten der Erde. Sie sind von dichtem Urwald bedeckt. Bevor ich die Mamusi aufsuchte, wollte ich Menschen aus diesem Stamm kennen lernen. Ich bekam Kontakt zu zwei jungen Männern, die sich an der Küste angesiedelt hatten. Zu diesen beiden Mamusi entstand bald eine freundschaftliche Beziehung.

Eines Tages machten wir uns zu einer ersten Expedition ins Inland auf. Unser kleines Team bestand aus einem einheimischen Pastor, einem Gemeindeleiter, den beiden Mamusi und mir. Eindringlich wurden wir vor dieser gefährlichen Reise gewarnt. Man erzählte uns, dass einige Missionare, die vor uns solch ein Wagnis unternommen hatten, von den Ureinwohnern umgebracht worden seien. Der Pastor, der uns begleitete, verabschiedete sich von seiner Familie, indem er sie auf die Möglichkeit hinwies, dass er vielleicht nicht wiederkommen würde.

Nachdem wir den ersten Abschnitt der Berghänge erklettert hatten, war ich so erschöpft, dass ich mir nur noch wünschte, umzukehren. Ohne die Hilfe der beiden Mamusi-Männer hätte ich es sicher getan. Sie nahmen mir mein Gepäck ab und trugen es ohne zu murren. Mit dieser zusätzlichen Last waren sie immer noch schneller als ich ohne meinen Rucksack. Unterwegs führten wir viele gute Gespräche. Ich merkte, dass Gott bereits angefangen hatte, an ihren Herzen zu arbeiten.

Als wir uns dem ersten Dorf näherten, sahen wir einige Kinder fröhlich spielen. Sobald sie uns entdeckten, erschraken sie und flüchteten in den Busch. Später erfuhren wir, dass sie mich für einen »Masalai«, einen Buschgeist, gehalten hatten. Noch nie hatten sie einen Weißen gesehen. Minuten später standen uns Männer aus dem Dorf gegenüber, mit riesigen Äxten und Speeren bewaffnet. Ihre Blicke machten deutlich, dass sie uns als Feinde betrachteten.

Das war das Ende eurer Bemühungen, die Mamusi für Jesus zu gewinnen?

Nein, der Anfang. Einer unserer Begleiter verstand die Stammessprache. Wie ein Blitz schnellte er nach vorn und erklärte unsere Absichten. Durch sein Eingreifen erkannten die Dorfältesten, dass wir nicht gekommen waren, um sie zu schädigen oder zu bedrohen. Im Gegenteil, wir wollten ihnen etwas bringen, die gute Botschaft von Jesus. Außerdem konnte ich auch medizinisch helfen. Sehr viele litten unter Malaria oder hatten schreckliche Tropengeschwüre. Allmählich wuchs Vertrauen. Die erste christliche Gemeinde entstand.

Viele Jahre später erzählte mir ein Mamusi: »Schon längst hatten wir euch erspäht. Im dichten Unterholz hielten wir uns verborgen. Wir glaubten ganz fest, dass ihr Unheil über unser Dorf bringt. Dreimal versuchten wir, euch zu töten, aber es gelang uns nicht. Gott hatte seine Hand über euch gehalten.«

Warum hast du dich in ein so gefährliches Unternehmen gestürzt?

Es war 1971, da hatte ich einen Punkt erreicht, an dem mir klar wurde: es kann nicht egal sein, welcher Religion ein Mensch angehört. Entweder stimmt es, was Jesus sagt, dass er der Sohn des lebendigen Gottes ist, oder es ist eine Lüge. Und ich begriff, dass dieser Jesus der verheißene Messias ist. Vor Tausenden von Jahren angekündigt, brachte er der Welt die Botschaft der Liebe und Rettung. Das hat mein Leben grundlegend verändert. Zugleich wurde mir klar, dass Menschen, die Jesus ablehnen, in der Ewigkeit nicht bei ihm sein werden. Die Bibel nennt sie »Verlorene«. Plötzlich erfüllte mich eine so große Liebe für diese Verlorenen, dass ich bereit war, alle so genannten Sicherheiten aufzugeben und mich auf den Weg zu den Unerreichten zu machen.

War es nicht schwer, sich dem Lebensstil der Ureinwohner anzupassen?

Eigentlich nicht. Es war selbstverständlich für mich, die Kol und Mamusi so anzunehmen, wie sie sind, sie lieb zu haben, mit ihnen zu essen, in ihren Häusern zu schlafen. Dass ein Fremder ihnen so begegnet, hatten die meisten von ihnen bisher noch nicht erlebt.

Anthropologen und Ethnologen behaupten, die Ureinwohner im Dschungel seien glückliche Menschen. Man solle sie in Ruhe lassen mit dem Evangelium.

Das Gegenteil ist der Fall. Die Menschen im Urwald leben in ständiger Angst vor Fremden, die kommen, um ihnen Böses anzutun, vor Geistern und Dämonen, vor Krankheiten, die sie auf böse Geister oder Zauberei zurückführen. Nur der Glaube an Jesus kann sie aus diesem Kreislauf der Angst befreien. Ein Beispiel war für uns Jon Kote vom Stamm der Kol. Der Unterschied zwischen seinem alten Leben und dem neuen in Jesus war so groß, dass er oft weinen musste, wenn er an sein Volk dachte, das bis dahin noch in Dunkelheit und ständiger Furcht vor bösen Geistern und anderen Menschen lebte. Jesus bedeutete ihm so viel, dass er seinen guten Arbeitsplatz in einer Plantage aufgab und in sein Heimatdorf ging, um dort zu predigen. Er sagte zu mir: »Ich habe keine Angst. Selbst wenn sie mich töten – sie können nur meinen Leib töten, nicht aber meine Seele.«

In den meisten entlegenen Dörfern gab es keinerlei Schulausbildung oder medizinische Versorgung. Hautkrankheiten aller Art, Malaria und Tuberkulose waren weit verbreitet. Mit der Verkündigung des Evangeliums kamen christliche medizinische Helfer in diese Gegend. Auch Schulen wurden gegründet.

Wie dehnte sich die Missionsarbeit aus?

Die verschiedenen Stammeshäuptlinge baten uns inständig, auch in ihre Region zu kommen, um die Botschaft vom lebendigen Gott zu bringen. So machten wir uns mit unserem Team erneut auf den Weg. Wieder ging es durch tiefsten Dschungel. Dabei mussten wir den

Pandi-Fluss durchqueren. Normalerweise ist das ein ruhiges Gewässer, doch starker Regen hatte ihn in einen reißenden Strom mit gefährlichen Strudeln verwandelt. Wir mussten schwimmen. Dabei war uns klar, dass es im Pandi Krokodile gibt. Nach der Überwindung des Flusses folgten wieder steile Berge, dichtes Gestrüpp, Sumpfgebiete. Um uns her tobten Gewitter. Einmal fällte der Blitz direkt neben uns einen Urwaldriesen, aber keiner von uns wurde verletzt.

Nachdem wir das Buschdorf Masoari erreicht hatten, hofften wir auf ein Nachtlager und ein gutes Abendbrot, doch die Dorfbewohner hatten selbst kaum etwas zu essen. Erst nach einem weiteren Tag und einem achtstündigen Fußmarsch gab es im nächsten Dorf eine Mahlzeit. Wieder marschierten wir drei Tage weiter, von Moskitos zerstochen und von Blutegeln ausgesaugt. Einmal verirrten wir uns. Zu allem Überfluss kugelte ich mir auch noch mein Kniegelenk aus und konnte nur unter starken Schmerzen weitergehen. Schließlich half ein Stützverband. Irgendwann erreichten wir Kapgena, das entfernteste Dorf des Kol-Gebietes. Und wieder geschah das Erstaunliche: Auch hier wurden wir mit Freuden erwartet. Der Stammeshäuptling wich nicht von unserer Seite. Er hatte eine Fülle von Fragen. Wir waren total erschöpft. Ein heftiger Schüttelfrost setzte mir zu. Unterwegs hatte es fast die ganze Zeit geregnet, und meine Beine waren durch die nasse Hose blutig gescheuert. So warteten wir bis zum nächsten Tag, bis wir im Männerhaus am prasselnden Feuer den Menschen das Evangelium erzählten. Sie zeigten großes Interesse.

Am Ende der Reise waren es 17 Kol, die sich für Jesus entschieden hatten.

Ungeheure Strapazen. 17 Menschen finden zum Glauben an Jesus. Ist der Einsatz gerechtfertigt?

Ich habe rund zwei Wochen gebraucht, um mich von den Strapazen zu erholen, aber was ist das schon im Vergleich zu der Freude über 17 neue Christen aus einem Volk, das bisher nie die Chance gehabt hatte, von Jesus zu hören.

Ureinwohner aus Indonesien Foto: H. Goldsche

Der kleine Soldat

Mit einem Lastwagen voller Evangelisten bin ich auf dem Weg von Bunia in Richtung Süden. Oft sind diese engagierten jungen und älteren Christen monatelang unterwegs, um Menschen mit dem Evangelium zu erreichen. Als Beifahrer habe ich einen Pastor dabei, der uns den Weg weist. Die Evangelisten stimmen fröhliche Lieder an. Holprig und voller Löcher ist die Straße. Sehnsüchtig erwarten wir im schwankenden Wagen das Ziel.

Plötzlich verstummt das Singen der Evangelisten. Soldaten haben die Straße abgesperrt. Sie laufen mit ihren Gewehren um den Lastwagen herum und reden in Lingala auf die Evangelisten ein. Der Pastor auf dem Beifahrersitz muss einem Soldaten Platz machen und auf die Ladefläche steigen. Am Schlagbaum machen die Soldaten sich lustig über mich. Mich packt die Wut. Unverschämt benehmen sie sich und scheinen sich über meine Hilflosigkeit köstlich zu amüsieren. Im Rückspiegel sehe ich, wie Säcke mit Lebensmitteln auf den ohnehin schon vollgepackten Wagen geladen werden. Der Soldat neben mir in seiner abgetragenen Uniform gibt mir in gebrochenem Swahili zu verstehen, dass wir jetzt zum Kommandanten fahren. Auf meine Frage, wie weit es denn sei, macht er mit seinen Armen eine ausladende Schlangenlinie. »So weit?«, denke ich verärgert. Ich suche nach Gegenargumenten, aber ohne Erfolg. Der Motor startet grimmig, wie die Wut in meinem Bauch, die fast in Hass gegen den kleinen Soldaten und seine Bande am Schlagbaum umschlägt.

Den ganzen Weg zum Quartier des Kommandanten lässt mich die Wut keinen klaren Gedanken fassen. Ohne ein Wort mit ihm zu wechseln, befolge ich die Wegweisung meines neuen Beifahrers. Dann stellt sich heraus, dass die Strecke doch nicht so weit ist, wie ich befürchtete. Im Rückspiegel beobachte ich, wie die Säcke wieder abgeladen werden. Auch der kleine Soldat verzieht sich aus der Fahrerkabine. Wir sehen die einfache Behausung des Kommandanten. Aus dem Küchenhaus kommt eine ältere Frau, nimmt die Säcke in Empfang und bedankt sich höflich bei den Evangelisten auf der Ladefläche. Der kleine Soldat macht sich zu Fuß auf den Rückweg.

Plötzlich schäme ich mich. Ich denke an Jesus, der viele Begegnungen mit der damaligen Militärmacht hatte, aber immer den einzelnen Menschen sah. Ist es recht, den kleinen Soldaten allein zu Fuß gehen zu lassen? Schnell rufe ich ihm zu: »Kommen Sie. Steigen Sie ein. Es geht weiter.« Auch wenn sein Weg nicht auf unserer Strecke liegt, werden wir ihn wieder zurückbringen. Dankbar setzt er sich neben mich. Kurz vor dem Schlagbaum fragt er: »Warum haben Sie mich zurückgefahren?« Ich suche nach Worten. »Wissen Sie, wir sind unterwegs, um von der Liebe Jesu zu uns Menschen zu erzählen«, antworte ich stockend und fühle mich immer noch schlecht. »Es wäre lieblos von mir gewesen, Sie einfach gehen zu lassen. Ich möchte Ihnen sagen, dass Jesus auch Sie liebt. Er sucht Sie und will Sie durch Ihr ganzes Leben begleiten.«

Wie ein glühender Feuerball versinkt die Sonne am Horizont. Deutlich stehen die Worte Jesu vor mir: *»Wenn dich jemand nötigt, eine Meile mitzugehen, so geh mit* *ihm zwei. Denn wenn ihr liebt, die euch lieben, was werdet ihr für Lohn haben? Tun nicht dasselbe auch die Zöllner? Und wenn ihr nur zu euren Brüdern freundlich seid, was tut ihr Besonderes? Tun nicht dasselbe auch die Heiden?« (Mt 5, 41.46).*

Nach kurzer Fahrt erreichen wir noch vor der Dunkelheit das Ziel. Mit lautem Gesang erwartet man uns vor der Kirche. Die Menschen in den Dörfern freuen sich über die Ankunft der Evangelisten. Von nah und fern kommen sie gelaufen, um ihre Freunde zu begrüßen.

Die Frauen des Dorfes machen Feuer unter Fässern, die mit Wasser gefüllt sind. Zuerst können wir uns mit warmem Wasser waschen. Das erfrischt nach so einer langen Reise. Dann werden wir in das Haus des Pastors gebeten. Auf dem Tisch stehen dampfender Kaffee und in Fett gebackene Kuchen. Das tut gut. Wir sind ausgehungert und durstig. Die Liebe und Gastfreundschaft dieser Menschen beschämt mich.

Inzwischen ist es dunkel geworden. Wir machen uns auf den Weg zur Kirche. Noch einmal zieht der Tag an mir vorüber, und der kleine Soldat steht wieder lebendig vor meinen Augen. »Oh Herr, schenke mir die Liebe für diese Menschen. Lass mich bereit sein, die zweite Meile mit ihnen zu gehen. Du hast alles für mich gegeben. Danke, dass ich in all meiner Unvollkommenheit dein Bote sein darf.«

Klemens und Elisabeth Blaschke
stehen im evangelistischen Dienst und in der Radioarbeit in Uganda.